Heinzpeter Hempelmann (Hg.)

Islam in Deutschland – sind wir darauf vorbereitet?

Mit Beiträgen von
Heinzpeter Hempelmann
Siegfried Kettling
Christine Schirrmacher
Eberhard Troeger

vlm
VERLAG DER
LIEBENZELLER
MISSION

Bibliografische Information der Deutschen Bibliothek
Die Deutsche Bibliothek verzeichnet diese Publikation in der Deutschen Nationalbibliografie; detaillierte bibliografische Daten sind im Internet über http://dnb.ddb.de abrufbar.

VLM-Taschenbuch
Bestell-Nr. 549 179
ISBN 3-921113-79-2

2. Auflage 2006
1. Auflage 2005

Internet: www.vlm-liebenzell.de
E-Mail: vlm@liebenzell.org
Umschlaggestaltung: Design-Studio Oetjen, Lemgo
Herstellung: St.-Johannis-Druckerei, Lahr
Printed in Germany

Inhalt

Die Verkündigung des Kreuzes im Islam

Heinzpeter Hempelmann

Einführung

Islam – ein aktuelleres, wichtigeres und zugleich brisanteres Thema lässt sich zurzeit, zu Beginn des 21. Jahrhunderts, nicht denken. Es gibt kaum eine größere außen- oder innenpolitische Kontroverse, in der das Thema Islam nicht eine Rolle spielen würde:

- Wir denken an die – nahezu täglichen – Bilder und Schreckensbilder aus dem Irak und aus Afghanistan; muslimische Überzeugungen und Konfrontationen mit westlichen Lebensformen, die mit dem Christentum identifiziert werden, bilden den Motor der Auseinandersetzung;
- wir denken an den Nahen Osten: Israel und die Palästinensergebiete. Es geht ganz wesentlich *auch* um die Religionsmacht Islam, ihre Kränkung und ihr Sendungsbewusstsein;
- wir denken an die immer noch präsenten Bilder von Madrid und den Schock eines nun in Europa zuschlagenden fundamentalistischen, religiös motivierten Terrorismus[1], und wir fragen: Ist das Islam?

---

[1] Es gibt wohl in der ganzen Auseinandersetzung um diese religiös motivierten Formen von Gewalt kein größeres und ärgerlicheres Missverständnis als die Identifikation oder auch nur die Parallelisierung von islamischen Selbstmordattentätern und Ge-

- Wir denken an die sicherheitspolitische Debatte, das geplante Attentat auf den Bundespräsidenten, die Abschiebungsfragen und die Äußerungen des sog. Kalifen von Köln, und wir fragen: Was will der Islam?
- Wir denken an die Kopftuchfrage und die von Johannes Rau behauptete Parallelität von Kopftuch

---

walttätern und – wie man vielfach zu sagen pflegt – fundamentalistischen christlichen Missionaren. Letztere setzen Leib und oft genug Leben ein, um anderen Menschen, mit denen sie keine andere Loyalität verbindet als die Verpflichtung ihres Glaubens zur Liebe auch dem Fremden, dem Gegner und selbst dem Feind gegenüber. Erstere setzen ihr Leben ein, um das Leben meist völlig unbeteiligter Unschuldiger – oft auf sehr grausame und qualvolle Weise – zu beenden und sich selbst durch diese als Teil des Dschihad verstandenen Gewalttat unmittelbar in das Paradies zu katapultieren.

Eine andere, zwar politisch korrekte, aber von den (religions-) geschichtlichen und politischen Sachverhalten wenig beeindruckte Parallelisierung vollzieht sich in der verbreiteten Unterstellung, Islam sei eine Religion wie der christliche Glaube. Muslimische Religionsausübung sei darum a priori und an sich gewaltfrei, individualistisch und privat. Diese am geläuterten und an Jesus selbst normierten Bild christlichen Glaubens gewonnene Vorstellung von Religion lässt sich eben nicht einfach auf andere Religionen übertragen, schon gar nicht auf eine Religion, die die über 2 000 Jahre gewonnene und errungene Trennung von Staat und Kirche, Freiheit persönlichen Glaubens und zentrale Norm der Nächstenliebe nicht kennt, sondern ausdrücklich bestreitet. Dass dieses Klischee von Religion, wie es sich nur in einer verengten Perspektive auf die Religionen des Westens herausbilden kann, nicht stimmig ist, zeigt schon ein Blick auf die Erscheinungsweisen des Islam im Nahen und Mittleren Osten wie in Afrika. Ob der Islam als solche eine gewaltfreie, mit der Allgemeinen Erklärung der Menschenrechte kompatible Religion darstellt und ob er auf sie verpflichtet werden kann oder nicht, ist angesichts der Vielfalt der Spektren, die uns begegnen, und angesichts der Auslegungsbandbreite, die der Koran offensichtlich ermöglicht, mindestens fraglich.

und Kreuz[2] und fragen: Ist das Kopftuch wirklich Symbol der Befreiung und Selbstbestimmung der Frau und also demokratiekompatibel, oder ein nicht vom Koran, wohl aber von radikal konservativen muslimischen Kräften eingefordertes Zeichen einer speziell islamischen Verhältnisbestimmung von Mann und Frau?[3]

- Selbst in dem viel diskutierten Komplex der Ausbildung, Jugendarbeitslosigkeit und Bildungsmisere spielt die Frage nach der Integrierbarkeit und Integrierwilligkeit junger Muslime in eine westliche, säkularisierte und – von vielen Muslimen als dekadent empfundene Gesellschaft eine entscheidende Rolle.

Ich gehe in diesem Beitrag nicht auf die verschiedenen politischen Facetten des Themas Islam ein. Vielmehr spitzen wir die Frage nach dem Verhältnis von Christentum und Islam zu, indem wir die – mindestens für den Islam, aber doch wohl nicht nur für ihn – entscheidende Frage stellen: Glauben Christen und Muslime an denselben Gott? Ins Zentrum dieser Fragestellung stoßen wir vor, wenn wir dabei das Kreuz Jesu fokussieren. Dieses stellt nicht nur die unbestreitbare Mitte des christlichen Glaubens dar. Paulus kann seine ganze Botschaft im Kreuz Jesu zusammenfassen: *Ich habe nichts unter euch gewusst*, schreibt er

---

[2] Vgl. seine Äußerung im ZDF-Interview mit Peter Hahne am 27.12.2003 in „Berlin direkt“.

[3] So fragen mit Recht die beiden katholischen Bischöfe in Baden-Württemberg, Erzbischof Dr. Robert Zollitsch (Freiburg), und Bischof Dr. Gebhard Fürst (Rottenburg-Stuttgart), in ihrer Presse-Erklärung am 09.02.2004.

an die Christen in Korinth, *als nur Christus und ihn als gekreuzigt* (1Kor 2,2). Auch der Islam thematisiert die Kreuzigung Jesu an zentraler Stelle, und wie wir sehen werden, steht die Debatte um das Kreuz Jesu im Mittelpunkt muslimisch-christlicher Begegnung und Auseinandersetzung.

Mit der Fokussierung des Todes Jesu leisten wir einen speziell theologisch-religionsgeschichtlichen Beitrag zur Verhältnisbestimmung von Muslimen und Christen. Dieser hat zwar keine tagespolitische Bedeutung, ist aber dafür von grundsätzlicher, die Fundamente der beiden Religionen betreffender Relevanz.

3,3 Millionen muslimische Mitbürger leben unter uns. Selbst postmoderne Philosophen räumen ein, dass eine Gesellschaft nur dann eine langfristige Überlebensperspektive hat, wenn die in ihr lebenden Menschen ein tragendes Fundament gemeinsamer Werte und weltanschaulicher Voraussetzungen teilen.[4] Der theologischen Frage: *Glauben Christen und Muslime an denselben Gott?* kommt insofern eine hohe gesellschaftspolitische Bedeutung zu. Gibt es ein tragendes religiös-weltanschauliches Fundament, auf dessen

---

[4] „Um nicht auseinander zu fallen benötigt jede menschliche Gemeinschaft einen Grundbestand an Übereinstimmung. Ganze Kulturen und Epochen lassen sich danach unterscheiden, welchen Grundkonsens sie hatten. So wurde das Mittelalter getragen vom christlichen Glauben. Ist nun ein solcher Grundkonsens aufgezehrt, stürzt die Gesellschaft in sich zusammen. Es fehlt dann eine von der Mehrzahl einer Kulturgemeinschaft akzeptierte Instanz, kraft der der Einzelne sein Denken und Handeln rechtfertigen kann." (Wulff D. Rehfus: Der Taumel der Moderne, in: ders. (Hg.): Dass. Langenfeld 1992,7) Rehfus sieht genau für unser Gemeinwesen die Realität eines zerbrechenden, ja zerbrochenen Konsenses und damit die Gefahr des Verlustes der Überlebensfähigkeit der bundesrepublikanischen Gesellschaft.

Basis Christen und Muslime miteinander die Herausforderungen, Fragen, auch die bestehenden wie drohenden Konflikte bewältigen können? In den Medien, in der populärwissenschaftlichen Literatur und auch in politischen Debatten begegnen wir der genannten Frage oft nur in rhetorischer Gestalt: Glauben Christen und Muslime nicht an denselben Gott?! Stillschweigende Voraussetzung ist dann die Unterstellung: Beide Religionen meinen doch denselben Gott In beiden Religionen geht es um denselben Gott, nur in unterschiedlichem Gewand, in kulturell bedingt verschiedener Ausgestaltung. Wir wollen prüfen, ob diese – unkritische – Unterstellung einer wissenschaftlichen Analyse stand hält.

1. Vorbemerkungen

Wer sich unserem Thema stellt, steht vor verschiedenen Schwierigkeiten. Zum einen gibt es den Islam genauso wenig wie das Judentum oder das Christentum. Vielmehr begegnen wir sehr unterschiedlichen „Konfessionen". Die meisten Muslime bekennen sich als Sunniten oder Schiiten. Zum anderen zeigt der Islam je nach Gesellschaft, Kultur und Geschichte eines Volkes und Landes, in dem er auftritt, ein völlig anderes Gesicht. Da gibt es auf der einen Seite einen Staatsislam, der die offizielle Religion eines sich als muslimisch begreifenden Staates ist, der dann den Koran einschließlich seiner Rechtsbestimmungen für verbindlich erklären kann. Da gibt es auf der anderen Seite das Leben als muslimische Minderheit in einem demokratischen, etwa westlichen Staatswesen und einer entsprechend geprägten Gesellschaft. In einem Fall gilt – etwa in Saudi-Arabien – das heilige koranische Recht der Scharia. Dieses sieht z. B. vor, einem Dieb die Hand abzuhacken oder – humaner praktiziert – abzuoperieren[5] und eine Frau, die ehebrüchig geworden ist, öffentlich auszupeitschen.[6] Im andern Fall – wie etwa in der Bundesrepublik Deutschland – müssen Muslime um ihr „Recht" ringen, Tiere den religiösen Vorschriften und Traditionen entsprechend[7] aber gegen den Willen von Tierschützern zu schächten, das heißt lebende Tiere bei Bewusstsein ausbluten zu lassen[8].

Dennoch gibt es selbstverständlich tragende Grundüberzeugungen, die Muslime bei allen Unterschieden verbinden. Und von denen soll hier die Rede sein. Wir fragen: Wie wird, ja wie muss ein Muslim auf die Nachricht reagieren, Jesus Christus sei am Kreuz gestorben? Was für Reaktionen löst dieser Kernsatz des christlichen Glaubens im muslimischen Zuhörer bzw. Gesprächspartner aus?

---

5 Vgl. Sure 5,38.

6 In Interpretation von Sure 4,34.

7 Sure 2,173. Das Blut ist Sitz des Lebens. Es gehört Allah. Es darf daher nicht verzehrt werden.

8 Vgl. Muhammad Salim Abdullah: Islam für das Gespräch mit Christen, Gütersloh 2. Aufl. 1995, 186; Islam-Lexikon. Geschichte – Ideen – Gestalten, hg. von Adel Theodor Khoury/Ludwig Hagemann/Peter Heine, Bd. 3, 679f. – Vgl. zum komplexen Sachverhalt islamischen Rechts und der Frage der Begründung wie des Begriffs der Scharia Bassam Tibi: Die fundamentalistische Herausforderung, Der Islam und die Weltpolitik, München, 2. Aufl. 1993, 142–171.

2. Die koranische Bestreitung der Kreuzigung und Auferstehung Jesu

Die Antwort ist völlig eindeutig. Ein Muslim kann diese Kernaussage des christlichen Glaubens vom Tod des Sohnes Gottes als stellvertretende Lebenshingabe mit dem Ziel der Errettung und des ewigen Lebens nicht akzeptieren. Sie trifft seinen Glauben an Allah ins Herz, und sie stößt darum auf erbitterten Widerstand. Ich nenne die wichtigsten Gründe:

Zunächst ist es der Koran, also die maßgebende heilige Schrift für Muslime, der die Kreuzigung Jesu definitiv und ausdrücklich bestreitet: „Die Leute der Schrift (= die Juden) sagten: ‚Wir haben Christus Jesus, den Sohn der Maria und Gesandten Gottes getötet.' – Aber sie haben ihn nicht getötet und auch nicht gekreuzigt. Vielmehr erschien ihnen ein anderer ähnlich, so dass sie ihn mit Jesus verwechselten und töteten. Und diejenigen, die über ihn uneins sind, sind im Zweifel über ihn (oder: darüber). Sie haben kein Wissen über ihn, gehen vielmehr Vermutungen nach. Und sie haben ihn nicht mit Gewissheit getötet, das heißt, sie können nicht mit Gewissheit sagen, dass sie ihn getötet haben. Nein, Gott hat ihn zu sich in den Himmel erhoben. Gott ist mächtig und weise. Und es gibt keinen von den Leuten der Schrift, der nicht noch vor Jesu Tod, der erst am Ende der Tage eintreten wird, an ihn glauben würde. Und am Tag der Auferstehung wird er über sie Zeuge sein."[9]

---

[9] Sure 4,157–159 zitiert im Anschluss an die Ausgabe von Rudi Paret: Der Koran, Stuttgart/Berlin/Köln, 5. Aufl. 1989.

3. Der Anspruch des Koran: Korrektur und „Recht-Schreibung“ verfälschter jüdischer und christlicher Glaubensüberzeugungen

Der Islam bestreitet, dass Jesus am Kreuz gestorben ist. Er weiß, dass er sich damit in einen Gegensatz zu Juden und vor allem zu Christen setzt. Dies ist sogar seine erklärte Absicht. Denn der Koran wird nach islamischem Selbstverständnis von Allah ja unter anderem zu dem Zweck gegeben, Juden und Christen wieder auf den rechten Weg monotheistischer Gottesverehrung zu bringen und falsche Überlieferungen der ihnen anvertrauten Offenbarungen zu korrigieren. Der Islam wirft Juden und Christen „Schriftverfälschung“ (tahrif)[10] vor. Sie haben die ihnen von Allah anvertrauten Offenbarungen verfälscht. Ihre Heiligen Schriften, also Altes und Neues Testament, entsprechen nicht mehr dem, was Allah den Juden und Christen anvertraut hat. So wirft Muhammad es den Christen immer energischer vor, je mehr sich christliche und jüdische Stämme auf der arabischen Halbinsel weigern, sich seinem Monotheismus zu unterwerfen.[11]

Damit ist ein Doppeltes klar: Altes und Neues Testament sind zwar heilige Bücher; sie sind ja von Allah eingegeben. Aber sie sind nicht unverfälscht erhalten. Da, wo sie dem Koran widersprechen, da ist nicht der Koran, sondern vielmehr die Bibel zu korrigieren. Dem Einwand, der Koran sei als Heilige Schrift doch jünger und also später gegeben als Thora und Evange-

---

[10] Sure 2,75; vgl. 4,46; 5,41; 5,14.

[11] Vgl. Johann Bouman: Der Koran und die Juden. Die Geschichte einer Tragödie, Darmstadt 1990.

lium, begegnet Muhammad mit der Überzeugung, dass der Koran die ewige, unerschaffene Ur-Offenbarung ist, die schon lange existierte, bevor es das Alte oder Neue Testament gab.[12] Allein der Koran stellt damit im Zweifelsfall das eine und einzige authentische Werk des einen Gottes dar, der laut muslimischer Theologie hinter Judentum, Christentum und Islam steht. Der Koran ist darum grundsätzlich und prinzipiell im Recht, wenn er den „Leuten der Schrift" (= den Juden) bestreitet, dass der Gesalbte tatsächlich am Kreuz gestorben sei (was diese als Einwand gegen die christliche Anbetung Jesu als Herrn vorbringen). Und er ist ebenso im Recht, wenn er auch den Christen entgegentritt und ihnen bei aller Hochschätzung, ja wegen der Hochschätzung Jesu als einem der wenigen Gesandten, verbietet, diesen Kreuzestod von Jesus zu behaupten.

Die muslimische Kritik und Position der Recht-Leitung und Korrektur trifft freilich nicht nur den Kreuzestod Jesu, sondern ebenso auch die von Christen behauptete Gottessohnschaft Jesu sowie den christlichen Glauben an einen dreieinigen Gott. Dies alles sind Kernüberzeugungen des christlichen Glaubens. Dies alles hat aber für muslimische Theologie keinen Bestand.[13] Es ist darum ein Gebot intellektuel-

---

12 Vgl. Adel Theodor Khoury/Ludwig Hagemann: Christentum und Christen im Denken zeitgenössischer Muslime, Würzburg – Altenberge 2. Aufl. 1994, 26ff.; Christine Schirrmacher: Der Islam. Geschichte, Lehre. Unterschiede zum Christentum. Bd. 2, Neuhausen/Stuttgart 1994, 293.

13 Dass die Ablehnung christlicher Christologie nicht nur mit einem Missverständnis Mohammeds zusammenhängt, belegt Olaf H. Schumann: Der Christus der Muslime. Christologische

ler Redlichkeit, klar auszusprechen, was muslimischem Selbstverständnis entspricht:

- Der Islam ist eine nachchristliche Religion. Er reagiert auf christliche Glaubensinhalte (wobei offen bleiben muss, ob Muhammad selbst Zugang zu neutestamentlichen Schriftstücken hatte und welchen evtl. auch christlichen Irrlehren er begegnet ist[14]). Die Reaktion des Islam auf den christlichen Glauben ist eindeutig. Sie besteht in einer Korrektur von den historischen und theologischen Kernaussagen des biblischen Gottesglaubens.
- Der Islam ist in der Sache und in diesem Sinne eine „anti"-christliche, also gegen den (vorfindlichen) christlichen Glauben gerichtete Religion. Er stellt das Zentrum des christlichen Glaubens in Frage, ja bestreitet es definitiv.[15] Auch wenn man Muhammad ein biologistisches Missverständnis der Gottessohnschaft Jesu unterstellen muss (Gott hat – mit Maria? – wie ein menschlicher Vater leiblich-sexuell einen Sohn gezeugt[16]), bleibt es dabei, dass

---

Aspekte in der arabisch-islamischen Literatur, Köln/Wien, 2. durchgesehene und erw. Aufl. 1987, 15ff.

14 Vgl. Heribert Busse: Die theologischen Beziehungen des Islam zu Judentum und Christentum. Grundlagen des Dialogs im Koran und die gegenwärtige Situation, Darmstadt 2. Aufl. 1991, 135–140.

15 Wie sehr gerade die Bestreitung der Inkarnation Gottes in Jesus Christus (inkl. des zu dieser Fleischwerdung gehörenden Leidensweges) eine Bedrohung und Infragestellung des christlichen Glaubens darstellt, zeigen 1. Johannes 2,18.22; 4,3; 2. Johannes 7.

16 Vgl. die indirekte Abwehr bestimmter christlicher Aussagen in Sure 17,111: Lob sei Gott, der kein Kind gezeugt hat und der keinen Teilhaber an der Herrschaft hat und keinen Freund, der ihn vor Erniedrigung schützen müsste.

die spezifische Form des muslimischen Monotheismus den christlichen Glauben an die Trinität ausschließt. Außerdem bestreiten orthodoxe, rechtgläubige Muslime, dass der Koran als eine direkt von Gott gekommene, irrtumsfreie Schrift einem solchen Missverständnis erlegen sein kann.[17]

4. Ein Gesandter Gottes kann nicht am Kreuz sterben

Zunächst muss man klarstellen: Diese ausdrückliche Kritik und Korrektur des christlichen Christus-Bildes geschieht aus vermeintlich guten Gründen und mit gutem Willen. Sie beruht nicht auf einer bewusst abschätzigen Haltung Jesus gegenüber. Ganz im Gegenteil: Jesus ist nicht nur einer, der im Islam zahlreichen Propheten (mehr als 1 000), sondern sogar einer der wenigen – neun – Gesandten.[18] Er ist aber vor allem einer der drei Offenbarungsempfänger: Mose erhält die Thora, Jesus das Evangelium, Muhammad den Koran. Und gerade deshalb, weil dieser Jesus eine so wichtige, von Gott anerkannte und gebrauchte Person ist, – gerade deshalb, so die spezifische Logik und Theologie des Islam, gerade deshalb ist es unvorstellbar, dass er so gestorben sein soll, so gelitten und ein so schmähliches Ende gefunden haben soll. Jesus kann als Gesandter Gottes nicht am Kreuz gestorben sein, – denn:

---

[17] Sure 4,171; vgl. Ulrich Parzany: Jesus – der einzige Weg? Neukirchen-Vluyn 1991, 76ff.; Khoury/Hagemann, 27ff.

[18] Vgl. Sure 4,157. Vgl. Schirrmacher: II, 206–261.

a) Diese Kreuzigung stellt eine Niederlage dar. Jesu ganze Mission wäre gescheitert, wenn er tatsächlich am Kreuz geendet wäre.

b) Kann ein so geachteter Prophet ein so schmachvolles Ende finden? Eine solche Hinrichtung gebührt doch nur Verbrechern und Bösewichten. Nicht umsonst klingt in Sure 4 deutlich die Überzeugung an, Jesus sei entrückt worden. Das Ende am Kreuz passt nicht zu einem Gesandten Allahs. Mit Nachdruck hält Sure 4,158 in diesem Sinne korrigierend fest: Gott ist (doch) mächtig und weise. Das Kreuz hätte er nicht zugelassen.

c) Die Kreuzigung ist eine besonders schlimme Todesart und Todesstrafe. Sie ist im Koran ganz ausgesprochen der Lohn derer, die gegen Gott und seinen Gesandten Krieg führen und (überall) im Land eifrig auf Unheil bedacht sind.[19] Kreuzigung ist Strafe für die Bösen – aber doch nicht Strafe für den Guten, der in seiner Bedeutung Muhammad nur wenig nachsteht.

d) Es kann keinen Kreuzestod Jesu gegeben haben. Hier steht die Ehre Gottes auf dem Spiel. Gott ist mächtig und weise.[20] Und also kann er so ein Kreuz Christi nicht zugelassen haben. Wer etwas anderes behauptet, befleckt die Ehre Gottes – des Gottes, dem so etwas, weil er Gott ist, nicht passieren kann. Die Tötung des Gesandten wäre ein direkter Angriff auf Allah selbst gewesen.[21] Darum (!), weil das für einen Muslim unvorstellbar ist, hat es das Kreuz nicht gegeben.

---

[19] Sure 5,33.
[20] Sure 4,158.
[21] Parzany: Jesus. 79ff.

Um nicht nur traditionelle, alte Positionen zu zitieren, beziehen wir uns auch auf zwei moderne, zeitgenössische Stimmen zum Kreuz aus muslimischer Sicht:

- Der Zentralrat *der Muslime in Deutschland* (ZMD), der beansprucht, die muslimischen Mitbürger in religiösen Angelegenheiten zu repräsentieren, stellt auf seiner Homepage fest: „Die Muslime glauben daran, [...] dass Jesus nicht gekreuzigt, sondern von Gott in den Himmel gehoben wurde.“[22]
- Die türkische, in der BRD sehr einflussreiche und verbreitete *Islamische Gemeinschaft Milli Görü*s (IGMG) äußert sich weniger zurückhaltend: „Schon allein der Gedanke an die Kreuzigung ist absurd. Unter großer Demütigung und Schamverletzung begibt Gott sich ans Kreuz. Somit verflucht ER sich ja selber. Die Vorstellung der Christen, dass Gott sich so tief erniedrige, dass er sich von seinen Feinden, vom gemeinsten Pöbel verhöhnen, verspotten und misshandeln lasse und dass ER schließlich zwischen zwei richtigen Verbrechern den schandvollsten und qualvollsten Tod erleidet, ist für den gläubigen Muslim eine Herabwürdigung seines Gottesbegriffes, welchen er seit seiner Kindheit in seinem Herzen trägt.“[23]

---

22 www.islam.de/?site=forum/faq&di=answers, 19.04.2002.

23 Auf der Homepage der Mannheimer IGMG-Moschee: www.faith-moschee.com// 2195.html, 18.03.2002. – Beide Angaben nach Hanna und Heidi Josua: „Nicht getötet, nicht gekreuzigt“. Der Kreuzestod Jesu – ein Skandal im islamischen Verständnis, in: OJC-Salzkorn 1/2004 (28–33) 32. Vgl. Hanna Josua (Hg.): Allein der Gekreuzigte, Holzgerlingen 2002.

Hier kommt freilich die theologisch-kritische Zentraldifferenz noch gar nicht in den Blick. Diese besteht in der Bestreitung der Gottessohnschaft Jesu durch den Koran und gläubige Muslime. Und dennoch ist schon hier ganz deutlich, wie unterschiedlich Christen und Muslime jeweils über ihren Gott denken und wie gegensätzlich sie sein Handeln erfahren:

a) Dass der Wille Gottes nicht geschieht, dass Menschen sich ihm widersetzen, ihm widerstehen können – das ist für einen Muslim undenkbar. Diese Zentralerfahrung steht aber im Mittelpunkt des christlichen Glaubens: Er kam in das Seinige, und die Seinen nahmen ihn nicht an (Joh 1,11). Die Evangelien berichten die Wirkungsgeschichte Jesu mit all der Ablehnung, Verdächtigung und dem Widerstand von Seiten der Menschen. Zum Schluss dann – sozusagen als Höhe- oder besser Tiefpunkt! – ziehen die Geschöpfe Gottes einen Verbrecher dem Wohltäter und dem Wort Gottes in Person vor, von dem sie nur noch wollen, dass er gekreuzigt wird. Der Verfasser des Hebräerbriefes tröstet seine Adressaten, die verfolgt werden, mit dem Hinweis auf das göttliche Schicksal: Seht doch den an, der soviel Widerstand (griechisch: Widerwort[e]) von Seiten der Sünder gegen sich erdulden musste –, menschliche Widerworte gegen Gott! Das Wort Gottes schließlich buchstäblich mundtot gemacht!

b) In dem „Kreuzige, kreuzige ihn!“ (Joh 19,14) offenbart sich eine Störung, ja eine Zerrüttung des Verhältnisses des Menschen zu Gott, die für den Islam nicht in den Blick kommt, ja überhaupt nicht denkbar ist. Ist Gott nicht Gott? Würde Allah so einen Abfall, so eine Beeinträchtigung seiner selbst zulassen (können)? Für den Koran ist die Welt im Grundsatz in Ordnung. Islamische Theologie begreift die Welt ungebrochen gemäß dem weisheitlichen Grundsatz: Im Prinzip geht alles nach dem Willen Gottes, und das heißt: Dem Guten geht es gut; dem Schlechten geht es schlecht. Undenkbar ist es dann, dass dem Gesandten Gottes ein solches Schicksal widerfährt – steht er doch als dessen Beauftragter auf der Seite des immer siegreichen Gottes!

c) Der Kern des christlichen Glaubens kann so nicht in den Blick kommen. Es kann nicht verstanden werden, dass Gott sich in unsere Not hineinbegibt, dass er selber sich dem Zwiespalt, dem zerrütteten Verhältnis aussetzt, an ihm leidet. Ja vor allem: dass er diese Not auf sich nimmt; dass Gott zu seiner Sache, zu seiner Schuld macht, was des Menschen Sache, unsere Schuld ist.

Feindschaft gegen Gott (Röm 8,7), die Gott selbst trifft, der sich Gott aussetzt und die er erträgt, ja selbst beseitigt – das kann der Islam auf der Basis seiner Voraussetzungen gar nicht denken. Das sehen wir schon hier, und das wird weiter unten noch näher zu begründen und zu belegen sein.

d) Dass das Kreuz Christi ein buchstäblich unglaublicher Angriff auf Gott selbst ist, das wird der Christ nicht bestreiten. Aber der Christ wird sich durch das Ungeheuerliche einer solchen Vorstellung nicht dazu verführen lassen, sich gegen Tatsachen zu stellen nach dem Motto: weil nicht sein kann, was nicht sein darf. Er wird seine Gedanken nach der historischen Wahrheit ausrichten. Er wird etwas nicht einfach deshalb als wahr behaupten, weil es in sein Gottesbild hineinpasst, bzw. etwas bestreiten und rundweg in Abrede stellen, nur weil es nicht in sein Gottesbild passt. Unsere Gedanken über Gott müssen sich nach Gott richten und nicht umgekehrt. Das heißt, dass wir unsere Vorstellungen von Gott selbst dann umändern müssen, wenn das bedeutet, dass wir mit Paulus von der Schwachheit, ja der Torheit Gottes sprechen müssen (vgl. 1Kor 1,18–25).

5. Jesus stirbt nur scheinbar

Der Tod des Jesus aus Nazareth auf der Hinrichtungsstätte vor den Toren Jerusalems ist eines der am besten belegten Ereignisse der antiken Gesellschaft. Einen Muslim wird das freilich nicht verunsichern. Zum einen ist für ihn der Koran als Schrift Gottes grundsätzlich über jeden Zweifel erhaben; zum anderen erklärt der Koran ja, warum Juden und Christen meinen, dass Jesus am Kreuz gestorben ist, warum das aber de facto nicht der Fall gewesen ist.

Muhammad ist an den Karawanenstraßen der arabischen Halbinsel mit hoher Wahrscheinlichkeit sogenannten Irrlehren begegnet. Diese liefen schon sehr früh auch im Raum der Kirche um. Sie behaupteten: Es hat nur so ausgesehen, als ob Jesus gestorben sei. In Wahrheit ist ein anderer an Jesu Stelle gestorben – einer, mit dem Jesus die Gestalt getauscht hat, so dass alle Augenzeugen natürlich meinen mussten, Jesus sei gekreuzigt worden. In Wahrheit starb – und jetzt gibt es die verschiedensten Lösungen – Judas Ischarioth (der das ja eigentlich auch wegen seines Verrates verdiente) oder Joseph von Arimathia oder Simon von Kyrene, der ihm ja obendrein sein Kreuz trug. Kern dieser so genannten doketischen[24] Irrlehre in der Kirche ist die Überzeugung: Gott, der Sohn Gottes, kann doch nicht so leiden; er kann vor allem nicht sterben.[25]

Diese Überzeugung teilt Muhammad. Sie kommt ihm gerade recht: Allah, auch sein Gesandter, kann nicht leiden. Da findet Gott einen anderen Weg. Er (oder sein Gesandter) stirbt nicht für die Menschen und an Stelle seiner Geschöpfe; er lässt vielmehr Menschen für sich an seiner Stelle leiden und sterben. Hier wird die Kernüberzeugung des christlichen Glaubens tangiert, ja buchstäblich „pervertiert“, d. h. umgedreht.

6. Der Kreuzestod Christi – sinn- und nutzlos

Selbst wenn Christus gestorben wäre, wie die Christen sagen, selbst wenn er für uns Menschen hätte sterben wollen, so wäre das nach muslimischer Ansicht nicht nur unglaublich, sondern auch überflüssig gewesen. Denn der Mensch lebt nicht getrennt von Gott. Er hat sein Leben nicht durch Sünde verwirkt. Er lebt nicht unter einer ihn bestimmenden Sündenmacht, und es gibt auch keine Feindschaft zwischen ihm und Gott,

---

[24] Doketismus: Lehre, die die bloße Scheinleiblichkeit Jesu behauptet. Jesus ist nicht wirklich ins Fleisch gekommen, und er ist auch nicht wirklich – leibhaftig – am Kreuz gestorben. Gott setzt sich der Wirklichkeit seiner Schöpfung nicht so aus, dass er in sie eingeht und an ihr stirbt.

[25] Vgl. Busse: Beziehungen, 135–140; Heinzpeter Hempelmann: Gott kennen ist Leben. Was den Kern des christlichen Glaubens ausmacht, Neuhausen/Stuttgart 1994, 16–20.

dem Allmächtigen. Vielmehr lehrt muslimische Theologie über den Menschen:

- Es hat zwar eine Sünde Adams im Paradies gegeben. Aber Gott wandte sich ihm (Adam) wieder gnädig zu. Er ist ja der Gnädige und Barmherzige.[26] Am Verhältnis zu Gott hat diese Sünde nicht grundsätzlich etwas geändert.[27] Und diejenigen, die die rechte Leitung (= Islam) annehmen und ihr folgen, brauchen (wegen des Gerichts) keine Angst zu haben, und sie werden (nach der Abrechnung am Jüngsten Tag) nicht traurig sein.[28]

  Es gehört zum Selbstverständnis Muhammads, dass er die überzogenen Anforderungen von Judentum und Christentum auf Allahs Geheiß hin entschärft, so dass die Menschen sich nicht dauernd verfehlen müssen.
- Wenn sie sündigen, so ist Allah der Barmherzige. Eine grundsätzliche Störung des Gottesverhältnisses ist nicht zu befürchten. Es gibt keine „Erbsünde“. Die Wirklichkeit dieser Welt ist nicht durch die Macht des Bösen bestimmt. Der Mensch ist nicht durch Sünde von Gott getrennt. Er kann durch seine Verfehlungen sein Gottesverhältnis auch nicht bedrohen oder in Frage stellen. Das liegt daran, dass der Mensch Gott nicht schaden kann, ihn mit seiner Sünde gar nicht erreichen kann. So sehr ist Allah der Jenseitige, Absolute. Anders herum formuliert: Wo eine absolute Distanz besteht, wo es kein personales Verhältnis zwischen Gott und Mensch gibt, da kann

---

[26] Sure 2,37.
[27] Vgl. Sure 2,35–39.
[28] Sure 2,38.

man auch keines zerstören; da kann Sünde des Menschen gar keine Trennung mehr bewirken.[29]

Der Mensch sündigt nicht gegen Gott, sondern nur gegen sich selbst. Darum zieht Sünde auch nicht den Verlust des (ewigen) Lebens nach sich (vgl. dagegen Röm 6,23). Tod ist nicht Resultat der Sünde, sondern ein Ereignis, das aus Gottes Willen folgt. Der Tod hat mit Sünde und Schuld in diesem christlichen Sinne nichts zu tun.

- Der Mensch ist darüber hinaus grundsätzlich gut. Er steht nicht unter der Macht eines Bösen. Und er kann sich darum grundsätzlich frei entscheiden. Wenn aber weder die Sünde herrscht noch der Teufel der Weltbeherrscher dieser Finsternis bzw. der Gott dieser Welt ist, wenn weder der Mensch schlecht ist noch in Feindschaft zu Gott lebt, wenn weder ewiger Tod als Folge von Sünde droht noch sonst Erlösungsbedürftigkeit besteht – dann bedarf es keiner Stellvertretung, keines stellvertretenden Todes, keines stellvertretenden Opfers, mit dem Jesus sein Leben hingibt, um uns von der Macht des Todes zu befreien, Frieden mit Gott zu schenken und ewiges Leben zu schaffen.

Wieder zeigt sich, dass Welten zwischen dem Gott der Bibel und dem Allah des Koran liegen.

---

[29] Hintergrund dieser Denkweise ist eine grundsätzlich andere Bestimmung des Verhältnisses von Gott und Mensch. Der Islam teilt weder die christliche Schöpfungslehre, gemäß derer der Mensch als Gottes Ebenbild geschaffen ist; noch teilt er die christliche Versöhnungs- und Erlösungslehre, gemäß derer der Mensch zum Kind Gottes bestimmt und in Ewigkeit als Kind Gottes leben darf, wenn er sich die Nähe Gottes in Jesus Christus und den Zuspruch der Vergebung gefallen lässt.

Während im Islam die Taten des Menschen Allah in seiner Souveränität und absoluten Überlegenheit wie abgehobenen Jenseitigkeit überhaupt nicht erreichen können, weiß die Bibel, dass wir Gott Mühe und Arbeit machen, ja sogar müde machen mit unseren Sünden (vgl. Jes 7,13; 43,24). Sie kann sogar sagen, dass es den Herrn reute und bekümmerte bis in sein Herz hinein, als er sah, dass die Bosheit des Menschen auf der Erde groß war und alles Sinnen der Gedanken seines Herzens nur böse den ganzen Tag (1Mo 6,5f.).

Die ganze Heilige Schrift sieht, weiß und erfährt den Gott der Bibel beschäftigt mit Reaktionen auf die Bosheit der Welt und die Not seiner Geschöpfe – bis dahin, dass er sich schließlich in Person aufgemacht hat und in Person wiederkommen wird, um alle Feinde Gottes zu besiegen und einen neuen Himmel und eine neue Erde für die zu schaffen, die seine Kinder sind.

7. Keine Erlösung allein aus Gnade und allein durch den Glauben nötig

Für den Muslimen ist klar: wer

- das Glaubensbekenntnis spricht,
- das tägliche Pflichtgebet mit seinen Ritualen einhält,
- die vorgeschriebenen Almosen gibt,
- das Fasten im Monat Ramadan hält und
- nach Möglichkeit die Wallfahrt nach Mekka (den Haddsch) unternimmt, dem ist Gott barmherzig. Der Mensch kann so in gewisser Weise durch sein

Handeln sein ewiges Heil selbst garantieren. Er ist nicht auf die Gnade Gottes angewiesen. Diese ist ja nur nötig, wenn der Mensch von sich aus nicht in der Lage ist, Gott zu entsprechen. Der Mensch ist nicht auf den Glauben angewiesen, mit dem er das Heil ergreift, das allein durch den Kreuzestod geschaffen worden ist und das nur dem gilt, der diesen stellvertretenden Tod auch für sich in Anspruch nimmt. Der Mensch ist nicht verloren, er kann sich selbst garantieren. Er braucht weder Gnade noch Glaube vor allem nicht das, was Gnade ermöglicht und was der Glaube erschließt: den Zugang zu Gott durch den Heil stiftenden Tod Christi.

8. Allah kann nicht lieben

Immer wieder ist bisher andeutungsweise ein theologischer Gegensatz im Grundsätzlichen angeklungen. Er muss nun noch einmal ganz klar formuliert und ausgesprochen werden.

Es ist ja nicht nur ein Problem, dass die Propheten Allahs nicht leiden, nicht Niederlagen, nicht Schmähungen, nicht Gesichtsverluste erleiden können – während diese Erfahrungen für die Propheten des biblischen Gottes geradezu kennzeichnend sind – von Jeremia bis Johannes, dem Täufer (vgl. vor allem Mt 21,33ff.). Das Kernproblem besteht ja darin, dass der christliche Glaube diese ungöttliche Demut und Demütigung für Gott selbst behauptet; dass im Mittelpunkt des christlichen Glaubens eine Herablassung und Demütigung, ein Leiden, ja sogar ein Sterben Gottes steht, das für den Muslim einfach undenkbar ist, mehr noch: eine glatte und pure und völlig indiskutable Gotteslästerung darstellt. Das Kreuz ist ganz und gar und nur inakzeptabel schon als Kreuz des Gesandten, wie viel mehr als Ort des Leidens Gottes!

Islamische Religion ist darum in diesem Sinne ein einziger Kampf gegen das Kreuz und gegen den Gott, für den dieses Kreuz steht.[30] Im Zentrum der christlichen Gotteslehre steht die Überzeugung: Gott ist Liebe (vgl. 1Joh 4,8.16). Dass Gott Liebe ist, ist aber keine abstrakte, bloße Behauptung. Nichts zeigt mehr als das Kreuz, wie sehr Gott sich um unser Schicksal bemüht, wie sehr er interessiert ist, wie sehr er selbst höchstpersönlich interveniert – bis dahin, dass er selbst kommt, als Mensch kommt, unter uns ist und am Widerstand derer, denen er helfen will, weil er sie liebt, sogar stirbt (Joh 3,16; Phil 2,6ff.).

Das alles ist für einen Muslim undenkbar: Gott hat nach muslimischer Tradition 99 oder – eine andere Version – 100 Namen – aber wir kennen sein Wesen nicht. Wir können es nicht kennen. Denn das würde ja eine Nähe, eine persönliche Offenbarung, Selbstvorstellung Allahs voraussetzen, die seiner absoluten Überlegenheit, Jenseitigkeit und Abgehobenheit widerspräche. Nach dem Islam offenbart Gott wohl etwas, aber gerade nicht sich selbst!

---

[30] Al Tahtawi, ein muslimischer Theologe, polemisiert mit wünschenswerter Deutlichkeit über die Verehrung des Kreuzes durch die Christen: „Wie viel eher hätten sie es nötig, es zu hassen und zu verpönen, denn, wie sie behaupten, ist ihr Gott daran gekreuzigt worden" (zit. n. Khoury/Hagemann: Christentum und Christen, 147).

Auch wenn er Gottes Wesen nicht kennt[31], ist jedoch für den Muslim paradoxerweise eines ganz klar: „Liebe“ kann Gott auf gar keinen Fall sein! Was wäre das für ein Gott, der sich so binden und so abhängig machen würde von Menschen? Dem man Gefühle und damit – so die Voraussetzung – eine Schwäche für den Menschen unterstellen würde? Ein solcher Gott wäre nicht Gott, er wäre nicht Allah! Von Gott zu behaupten, er wäre Liebe, hieße muslimisch, Gott zu lästern.[32]

Die im Kreuz Jesu gipfelnde Nähe Gottes als Ausdruck seiner Liebe kennzeichnet die Mitte des christlichen Glaubens. Sure 112 mit ihrer Betonung der absoluten Überlegenheit, Souveränität und Einzigkeit Gottes ist demgegenüber der Ausdruck eines glasklaren, schon philosophisch zu nennenden monotheistischen Gottesbildes des Islam. Es steht in unüberbrückbarem Gegensatz zum christlichen Zeugnis, dass Gott selbst in Person in Jesus Christus unter uns war.

Wer den Islam etwas besser kennt, könnte jetzt freilich zweierlei Einwände formulieren:

1. Weiß nicht der Sufismus um ein Verhältnis inniger Gottesliebe?
2. Gehört „Liebe“ nicht zu den 99 Namen Allahs?

Die Antworten auf diese Fragen können helfen, den formulierten Befund noch einmal zu unterstreichen:

Ad (1): Es stimmt: der Sufismus spricht von einer solchen Liebe zu Gott und zwischen Gott und

---

31 Vgl. Sure 2,255; 59,22–24.

32 Vgl. Johan Bouman: Glaubenskrise und Glaubensgewissheit Die Theologie Al-Ghazalis und Augustins im Vergleich, Gießen/Basel 1990, 250–258, bes. 257f.

Mensch. Bezeichnend ist aber gerade, dass diese – islamische – Variante der Mystik dem orthodoxen, rechtgläubigen Islam als heterodox, häretisch, also als Irrlehre und als nicht akzeptable Form des Islam gilt. Dies gilt gerade im Hinblick auf die hier behauptete und gelebte personale Nähe der Gottesbeziehung, die für Allah nicht akzeptabel und im Hinblick auf ihn nicht denkbar ist.

Ad (2): Es stimmt: Zu den „99 Namen Allahs" gehört auch der Name „der Liebende". Was eine erstaunliche Übereinstimmung mit dem christlichen Gottesglauben zu sein scheint, erweist sich bei näherem Hinsehen wiederum als Beleg für den tiefen Graben zwischen dem Glauben an den lebendigen, dreieinigen Gott, wie ihn die Bibel bezeugt, und den Allah, der sich über den Koran manifestiert. Denn (a) dieser „Name" ist einer von 99! Und die 98 anderen Prädikate erläutern nicht etwa diese eine Eigenschaft seiner Liebe; diese steht auch nicht in der Mitte des muslimischen Gottesglaubens. Vielmehr finden wir unter den 99 Namen auch die folgenden: „der Tödliche", „der Verborgene", „der Rächer", „der Umfassende", „der verletzt", „das Licht", „der stark macht", „der Zerstörer" etc. Diese Namen stehen nebeneinander. Sie erläutern nicht – wie in der neutestamentlichen Gotteslehre – das eine Zentralprädikat der Liebe Gottes; sie schließen sich vielmehr gegenseitig aus –, jedenfalls dann, wenn mit ihnen eine Wesenseigenschaft Allahs behauptet sein soll. Und damit bin ich beim zweiten Teil meiner Antwort: (b) Diese Namen offenbaren nicht – wie in der biblischen Tradition – das Wesen dessen, der hier seinen Namen gibt, sich damit anrufbar, greifbar, verpflichtbar macht. Diese Namen sind völlig unterschiedliche Erscheinungsweisen, die aber keinen Blick auf das Wesen, das Herz Allahs freigeben oder ermöglichen. Die Nennung der 99 oder 100 Namen ist also alles andere – nur nicht vergleichbar der Namenskundgabe Jahweh an Mose (vgl. 2Mo 3,14) oder in Jesus, mit der sich Gott selbst offenbart.

So wenig Allah die Menschen liebt, so wenig darf solche Gottesliebe umgekehrt vom Menschen ausgesagt werden. Zwischen einem Menschen und Gott eine Beziehung der Liebe zu unterstellen, käme vielmehr einer „unerträglichen Anmaßung von Seiten des Menschen und einer lästerlichen Herabwürdigung Gottes gleich“[33].

Diese Feststellungen werden auf viele provozierend wirken. Aber gerade wer die Religionsbegegnung will, muss dafür Sorge tragen, dass der Dialog ehrlich, fair und intellektuell redlich verläuft. Es gehört zur Ehrlichkeit, Unterschiede, gerade solche im Fundamentalen, nicht zu verschweigen. Ein fairer Dialog ist darüber hinaus nur möglich, wenn keiner der Gesprächspartner den anderen vereinnahmt, nach dem Motto: „Wir glauben doch alle an denselben Gott, auch wenn die Unterschiede auch noch so groß sind. Denn dein Gott ist im Grunde ja auch mein Gott; du musst dir nur von mir sagen lassen, wer dein Gott

---

[33] Adel Theodor Khoury: Art. Liebe, in: Islam-Lexikon, Bd. 2, 485. Ausnahmen von diesem Grundsatz – s. u. – finden sich bezeichnenderweise nur in der „muslimischen“ Mystik, in dem weithin als häretisch begriffenen Sufismus (vgl. Al Ghasali: Das Elixier der Glückseligkeit, aus dem Persischen und Arabischen in Auswahl übertragen von Helmut Ritter; mit einem Vorwort von Annemarie Schimmel, Sonderausgabe München 1998).

und wie dein Gott wirklich ist." Ein authentischer, echter Dialog muss darum jeder Religion ihre Identität, ihre Eigenart lassen. Das gilt auch hier, wo man schmerzlich feststellen muss, dass biblischer Gottesglaube und muslimischer Glaube an Allah in einem unversöhnlichen Gegensatz zueinander stehen. Und es ist ein Gebot intellektueller Redlichkeit, angesichts dieser Differenzen im Fundamentalen auf die Unterstellung zu verzichten, Christen und Muslime glaubten an denselben Gott. Das Gegenteil ist der Fall. Sonst müsste der Islam sich doch nicht korrigierend auf den christlichen Glauben beziehen, dessen Kernaussage – die Kreuzigung Jesu – bestreiten und einen Allah verkündigen, der alles andere als engagierte Nähe – Liebe zum Menschen – ist.

9. Konsequenzen: Wie sollen wir Muslimen begegnen?

Was sind die konkreten Folgerungen für unser Verhältnis zu muslimischen Mitbürgern und für die Mission unter Muslimen?

a) Nicht mit dem Trennenden beginnen

Wer Verständigung sucht, sollte das Gespräch nicht mit dem beginnen, was im Tiefsten trennt und worauf der Gesprächspartner aller Erfahrung nach nur mit emotionaler Abwehr reagieren wird. Das heißt, das Kreuz sowie die Gottessohnschaft Jesu sollten nicht die Verkündigungsinhalte sein, die am Anfang stehen;

sie werden sich in ihrer Bedeutung in der Begegnung vielmehr erst später –, dann freilich als notwendig und hoffentlich einsichtig – erschließen.

b) Sehnsucht nach Vergebung

Der Koran und dementsprechend der Islam weiß nichts von Sünde im Sinne des NT. Dennoch dürfen wir davon ausgehen, dass auch ein Muslim als Mensch, als Geschöpf des dreieinigen Gottes, der ihn zu seinem Ebenbild und Gegenüber geschaffen hat, ein Empfinden dafür hat (vgl. Röm 2,14f.), was es heißt,

- sich an einem anderen schuldig gemacht zu haben,
- sein Leben verwirkt zu haben,
- von Gott getrennt zu sein, weil er uns nicht gut sein kann und weil das, was wir ihm zur Wiedergutmachung anbieten können, nicht genügen kann. Auch wenn dem Muslim durch seine Religion der Zugang zu dieser Dimension von Sünde und Schuld als Trennung und elementare Belastung des Gottesverhältnisses verbaut ist[34], dürfen wir die biblischen Aussagen über den Menschen gerade darin ernst nehmen, dass der Muslim nicht als Muslim, wohl

---

[34] Eine Trennung von Gott kann nur dort zur Not werden, wo vorher eine – intakte – Beziehung existiert. Für islamische Theologie ist aber schon die Unterstellung einer solchen Beziehung des Menschen zu Gott nicht denkbar. Sie kommt vielmehr einer Gotteslästerung gleich, weil sie eine Nähe zwischen Allah und seinem Geschöpf, der nicht sein Ebenbild ist, behauptet, die Allahs Majestät berühren würde (vgl. als deutlichsten Ausdruck dieses Denkens Sure 112!).

aber als Mensch einen Zugang zu dieser Erfahrung hat und auf sie ansprechbar ist.

Bei dieser Erfahrung, die der Muslim zwar nicht als Muslim, wohl aber als Mensch macht, kann man ansetzen. Auch wenn seine Religion diese Frage nicht stellt, so fragt er sich doch als Mensch: Wie werde ich meine Schuld los? Auch wenn er diese Last im Rahmen seiner Religion noch nicht einmal adäquat artikulieren kann, bleibt sie dennoch gegenwärtig. Reichen die Rituale und Wege, die der Islam weiß und weist?

Was muss geschehen, damit ich, der ich mich verschuldet und in Schuld verstrickt habe, wieder leben kann? Reicht menschliche Aktion, religiöses Ritual? Bedarf es nicht Stellvertretung?

c) Mehr als „Ergebung" (= „Islam") – Erfüllung des Wunsches nach dem großen Du

Auch wenn der Islam Gott als Du, als personales Gegenüber, nicht kennt, bleibt es doch dabei, dass auch Menschen muslimischen Glaubens den tiefen, alle Menschen verbindenden und auszeichnenden Wunsch haben, eine Beziehung zu diesem großen Gott, dem Schöpfer der Welt und Lenker ihrer Geschicke, zu haben; eine Sehnsucht danach haben, zu ihm – in aller Ehrfurcht – Du sagen zu dürfen; ihn als barmherzigen Vater ansprechen zu können. Nur, wer oder was gäbe uns das Recht, das nicht nur als Wunschtraum anzusehen?

Hier könnte die hohe Achtung, die Jesus im Islam genießt, ein Ansatzpunkt sein. Im Gespräch mit Muslimen begegnen Christen immer wieder der Aussage:

„Wir glauben auch an Jesus!“ Christen können daran anknüpfen. Sie können Muslime noch auf anderes hinweisen, was Jesus gesagt, getan und gelebt hat und was nicht im Koran steht. Sie können auf das Evangelium hinweisen: auf seine in Wort und Tat gelebte Einladung zur Gemeinschaft mit dem barmherzigen, vergebenden, uns bedingungslos annehmenden Gott.

Muslime kennen und schätzen den Namen Jesus. Er wird ihnen im Koran nur verzeichnet und um das Entscheidende verkürzt vorgestellt. Aber dennoch besitzt dieser Name Autorität. Und es gibt die Möglichkeit, von diesem wichtigen Propheten, ja Gesandten und Wort Gottes noch mehr zu erzählen, wenn man die Bibel aufschlägt – eine heilige Schrift, die für Muslime zwar nicht dem Koran gleich zu achten ist, aber dennoch Beachtung verdient.

Hier, im Neuen Testament, dürfen wir ihnen mehr von Jesus zeigen. Jesus steht dafür: Der große unzugängliche Gott hat sich uns Menschen nicht nur durch die Kundgaben von Propheten mitgeteilt. Er hat uns nicht nur ein unfehlbares Buch geschenkt, in dem er uns irrtumslose Wahrheiten mitteilt und vorgibt, was sein absoluter Wille für uns ist, dabei aber als Person verborgen bleibt. Jesus steht dafür: Dieser Gott geht viel weiter. Dieser Gott lässt uns nicht nur etwas wissen, aber wir bleiben weiter ohne Wissen von ihm. Jesus steht dafür: Dieser große Gott teilt nicht nur etwas mit, er teilt sich mit. Er will Gemeinschaft, er will eine Beziehung zu uns. Unser geheimster und innigster Wunsch, Gewissheit, Sicherheit, Ruhe bei diesem großen, größten DU zu finden, zu wissen, dass er uns liebt und annimmt, geht in Erfüllung.

Jesus steht dafür, dass dieser Gott sogar noch weitergeht. Dieser Gott teilt nicht nur religiöse Wahrheiten mit; er teilt sich nicht nur als Person mit. Er teilt sogar sein Leben mit –, mit uns, die wir dieses göttlichen Lebens bedürfen. Das erkennen wir ja zumindest in einigen hellsichtigen Momenten ganz klar, dass wir unser Leben vertan, verwirkt, verloren haben. Auch Muslime wissen darum. Bei diesem – manchmal verdeckten, aber nicht wegzuschiebenden – Wissen dürfen wir anknüpfen. Diese – manchmal verdrängte, aber doch nicht zu beseitigende – Erfahrung dürfen wir in jeder Kultur voraussetzen. In Jesus Christus geht das tiefste, letzte, unverstellte religiöse Sehnen des Menschen in Erfüllung: seine Sehnsucht

- nach einer Gottesbeziehung, die verlässlich ist;
- nach einem Gott, der ihm liebevoll und barmherzig begegnet;
- nach einem Gott, der ihm nicht schadet, sondern sich ihm zuwendet;
- nach einem Gott, der ihm seine Schuld wegnimmt und neue Lebensmöglichkeiten schenkt.

d) Gott war in Christus (2Kor 5,19) – das Evangelium als Überbietung islamischer Gottesvorstellung

Jedem Menschen ist von Natur aus eine Ahnung von der Größe Gottes und dem entsprechend auch eine Gottesfurcht mitgegeben worden. Das Wissen darum, dass er bloß Mensch und nicht Gott ist und dass er Gott, wer immer das für ihn ist, Gehorsam schuldet, findet im Islam einen beispielhaften Ausdruck. Islam heißt übersetzt „Ergebung“. Im Islam findet in religionsgeschichtlich reinster Gestalt[35] das Empfinden des Menschen Ausdruck, dass dem Menschen im Gegenüber zu einem höchsten Wesen nur der Platz der Demut, des Gehorsams und der Ergebung zukommt. Wenn Gott Gott ist, dann schulden wir ihm absolute Unterwerfung.

Das ist richtig und spiegelt etwas von der natürlichen, jedem Menschen von Natur aus gegebenen Gotteserkenntnis nach Römer 1,19ff. wider. Der lebendige und wahre Gott, wie er sich in der biblisch bezeugten Geschichte offenbart, will aber mehr und führt uns in seinem Handeln an Israel und in seiner Präsenz in Jesus Christus entscheidend darüber hinaus. In seinem Sohn gibt er sich selbst zu erkennen als Liebe. Dass er uns, die Verlorenen, sucht, dass er uns nachgeht, in Jesus selbst Mensch wird und unter uns ist, ist bester Beweis für diesen biblisch-christlichen Kernsatz: Gott ist Liebe (1Joh 4,8.16). Wer diese Offenbarung des lebendigen Gottes zurückweist und lieber bei seinem Gottesbild bleibt; wer bei der bloßen Ahnung eines höheren Wesens bleiben will, dieses selbst aber ablehnt, wenn es sich ihm offenbart, der stellt sich damit letzten Endes gegen Gott selbst. Er verehrt nicht mehr Gott, sondern bildet sich seinen eigenen Götzen.

In dieser Abwehr der über eine bloße Gottesvorstellung herausführenden Selbstvorstellung Gottes in Jesus Christus liegt die entscheidende Problematik des

[35] Vgl. Adel Th. Khoury: Einführung in die Grundlagen des Islams, Graz/Wien/Köln, 2. Aufl. 1981, 166f., speziell 4.2.1 und die dort gegebenen Belege zur Transzendenz Gottes. Vom Sufismus als einer allgemein als häretisch angesehenen Sonderrichtung sehen wir hier bewusst ab.

Islam. So sehr sich der Islam als nachchristliche Religion begreift, so sehr ist nun umgekehrt das Evangelium von Jesus Christus als Überbietung der islamischen, im Grunde philosophischen Gottesvorstellung zur Geltung zu bringen. So sehr sich der Islam als Korrektur und Reinigung des Christentums (und Judentums) versteht, so sehr ist umgekehrt deutlich zu machen, dass diese angebliche Korrektur deshalb so problematisch ist, weil sie hinter die Offenbarung Gottes zurückfällt; weil sie das ablehnt, was Gott dem Menschen über sich hat offenbaren wollen. Der scheinbare nachchristliche religiöse Fortschritt zu einem gereinigten Gottesglauben und der beanspruchte Gewinn sind in der Sache Rückschritt hinter das, was Gott selbst gezeigt und Verlust des Wichtigsten, was er uns geschenkt hat.

Streng genommen offenbart sich Allah nach dem Islam auch im Koran nicht selbst; er offenbart nur etwas. Streng genommen ist der Islam keine Offenbarungsreligion im Sinne der Selbstoffenbarung der Gottheit. Das Evangelium tut in entscheidender Weise den Schritt über Islam und alle andere Religion hinaus, die wohl Manifestation, Kundgabe des Göttlichen oder von Göttlichem kennt, nicht aber personale Selbstoffenbarung, Selbsterschließung: den Blick in das Herz Gottes. Wer hier eine Religion zum Maßstab der Selbstoffenbarung macht, bringt den christlichen Glauben um das Entscheidende; wer hier den Islam zur Norm für das Evangelium macht, weist den lebendigen Gott selbst zurück. Es gehört zur religionsgeschichtlichen Einzigartigkeit des Evangeliums von Jesus Christus, dass uns hier und nur hier Gott selbst als Liebe in Person begegnet.

Wer dem Islam gegen den christlichen Glauben Recht gibt, der hängt nicht mehr dem lebendigen Gott an. Er stellt sich vielmehr ausdrücklich gegen den, dessen Wesen Liebe ist und der uns aus Liebe diese Liebe auch zeigen will und erfahren lässt.

Wo Muslime sich gegen diese Offenbarung des allein wahren, lebendigen, in den biblischen Schriften dokumentierten Gottes wenden und diese in ihrem Kern und Zentrum ablehnen, da zeigen sie, dass sie an einen anderen Gott glauben. Da sind wir ihnen das Zeugnis schuldig, dass ein Allah, von dem wir nichts wissen (können), dem wir letztlich genauso gleichgültig sind, wie wir ihn mit unserem Verhalten nicht stören – dass ein solcher Allah ein anderer Gott sein muss als der, den wir mit unserem Tun höchstpersönlich verletzen, der sich aber engagiert, um uns zu gewinnen und der alles andere ist als abgehobene, absolut jenseitige Selbst-Herrlichkeit.

e) „Jahweh", der Vater Jesu Christi = „Allah"? Das Problem der Übersetzung

Zweifel sind nicht nur angesichts der muslimischen Selbstzeugnisse angebracht. Die Übersetzung des biblischen Herr, JHWH, El mit Allah ist sehr gebräuchlich und in den arabisch sprechenden Kirchen eingeführt. Wir werden sie nicht korrigieren können. Wir werden sogar ihren missionsstrategischen Wert würdigen können. Jede Inkulturation des Evangeliums, jede Verankerung des Evangeliums in einer fremden Kultur muss ja nach Anhaftpunkten suchen. Aber, diese Übersetzung suggeriert als Gleichsetzung von Allah und JHWH/Gott eine Identität, sprich Einheit von biblischem und islamischem Gott. Ist Allah wirklich – wie meist unterstellt – die leere Worthülse, in die naht-, problem- und bruchlos christliche Inhalte eingetragen werden können? Dürfen wir unseren christlichen Gott, den hebräischen El und den biblischen Eigennamen Jahwe mit Allah übersetzen? Es ist ja bei der ganzen Diskussion zu beachten, dass diese Vokabel „Allah", wenn sie denn wirklich Vokabel und nicht Eigenname ist, seit Jahrhunderten in einer muslimisch geprägten Kultur eben muslimisch gefüllt und gedacht wird und insofern alles andere als neutral ist.[36]

---

[36] Das übersetzungswissenschaftliche und in einem auch theologische Problem besteht darin, dass „Allah" zum einen Gattungsbegriff ist, also ein allgemeines Wort für Gott darstellt, das nicht näher bestimmt und inhaltlich gefüllt ist, zum anderen aber klar ist, dass „Allah" religionsgeschichtlich ein bestimmtes, schon vorislamisches Profil besitzt, also einen Eigennamen darstellt. (Es gibt muslimische Fachleute, etwa den Koranübersetzer Rassoul, die „auf die Wiedergabe des Erhabenen Namens ‚Allah' durch das deutsche Wort ‚Gott'" verzichten, „da ‚Allah' ein Eigenname ist und demnach nicht übersetzt werden kann." [Adelgunde Mertensacker: Geführt von Daemonen. Mohammed im Urteil seiner Zeitgenossen, Lippstadt 2. Aufl. 1993, 59]). So wurde „schon Jahrhunderte vor dem Auftreten Muhammads (um 570 bis 632 n. Chr.) ... Allah neben vielen anderen Stammesgöttern auf der arabischen Halbinsel verehrt. Er war der allen arabischen Stämmen gemeinsame ‚Herr der Götter'. Alljährlich pilgerten die Araber zum ‚Hause Allahs', der Kaaba in Mekka, um ihm Tier- und Menschenopfer zu bringen." (Muslime erobern Deutschland. Eine Dokumentation, ausgew. und kommentiert von Adelgunde Mertensacker, Lippstadt o. J., 59). Der „Allah des Islam" ist also „der Allah der Alt-Araber" (ebd.) und insofern alles andere als ein unbeschriebenes Blatt.

Die genannte Übersetzung leistet der Unterstellung Vorschub, Christen und Muslime glaubten letztlich eben doch alle an denselben Gott. Dieses Urteil ist zwar populär und verbreitet. Es lässt sich aber angesichts der Sachverhalte, die wir gesehen haben, weder religionsgeschichtlich noch theologisch halten. Jeder kann hier selber in der Praxis die Probe aufs Exempel machen: Kein Muslim, den wir daraufhin ansprechen, wird anerkennen, dass Allah der dreieinige Gott der Christen ist. Ein rechtgläubiger Muslim wird den „christlichen Gott" vielmehr nur dann anerkennen können, wenn er zuvor aus der christlichen Gottesvorstellung alles spezifisch Christliche (Gottes Dreieinigkeit, Gott als Liebe, die Nähe Gottes in Jesus Christus, die Stellvertretung für unsere Schuld am Kreuz Jesu Christi) herausgestrichen hat, den christlichen Glauben also in Anlehnung an den Koran gereinigt und entkernt hat. Aber verdient dann das, was übrigbleibt, noch die Bezeichnung christlicher Glaube?

f) Persontoleranz – Ja! Sachtoleranz – Nein!

Wie gehen wir mit den festgestellten Differenzen um? In einer zweifachen Weise! Zunächst und zuerst gilt unbedingte Liebe zu den muslimischen Mitmenschen! Gerade diese Liebe zu diesen Menschen, die verloren sind wie alle anderen auch, zwingt uns aber zu einem ebenso unbedingten Widerspruch in der Sache, Widerspruch gegen die muslimische Verkürzung der Wirklichkeit des lebendigen Gottes, die den Menschen um das Entscheidende, das Evangelium bringt – ja, ihn geradezu dagegen immun zu machen sucht!

Wir schulden den Muslimen – auch und gerade, wenn sie anders glauben, denken und leben als wir – die Liebe Christi. Wir werden ihnen darum als Mitmenschen mit der denkbar größten Person-Toleranz, sprich Leidensbereitschaft und Geduld begegnen. Zu der ihnen wie allen Menschen geschuldeten Liebe gehört freilich auch, dass wir ihnen den einzigen Weg zum wahren Gott und zu einem ewigen Leben über Jesus Christus nicht verschweigen. Hier kann es in der Sache keine Toleranz geben. Hier müssen wir auf den weithin so verbreiteten „Schmusekurs" verzichten, wir glaubten doch letztlich an denselben Gott, und darum sei es letztlich gleichgültig, ob man sich an Allah oder an den dreieinigen Gott hält. Die Formel von demselben Gott, an den Christen wie Muslime glauben, ist eingängig; sie ist scheinbar tolerant und sie erleichtert vordergründig das Zusammenleben. Verantwortbar ist sie jedoch nicht, wenn man denn den Nächsten mit seinen Glaubensüberzeugungen wirklich ernstnimmt und ihm nicht Überzeugungen unterstellt, die er nicht hat, nicht haben will, die er vielmehr mit Nachdruck ablehnt. Zur intellektuellen Redlichkeit gehört in der Religionsbegegnung schließlich auch, dass man selber weiß, was Sache, was die eigene Sache ist und dass man keine Einigkeit propagiert, die nur unter Verzicht der eigenen Essentials zu gewinnen wäre.

Diese Auskunft ist alles andere als „politisch korrekt". Der *political correctness* entspricht es gegenwärtig, Unterschiede zwischen den Religionen zu bestreiten oder – wenn das auf Grund mindestens vorhandener Anfangskenntnisse nicht möglich ist – diese zu marginalisieren. Dabei darf die anfangs erwähnte politische Herausforderung nicht übersehen oder gar gering geachtet werden. Wie integriert man 3,3 Mio. Muslime in eine Gesellschaft, deren tragende ethisch-weltanschauliche Wurzeln die jüdisch-christliche Tradition darstellt und in der sich immer noch mehr als 2/3 der Bewohner ausdrücklich zu einer christlichen Konfession bekennen und halten?

Würde hier das Eingeständnis von Gegensätzen und Widersprüchen die Konflikte, die vorhandenen wie die potentiellen, gefürchteten, nicht nur noch verschärfen?

Ich meine: Denkverbote helfen auch in dieser Frage nicht weiter. Eine Vogel-Strauß-Politik ist nicht zukunftsfähig. Probleme und Herausforderungen, auch Konflikte werden nicht dadurch beseitigt, dass wir sie ignorieren und Einheit, Einigkeit und Konsens behaupten, wo dieser fehlt.

Es hilft aber in dieser Situation sehr wohl weiter, sich auf die eigene christliche Tradition zu besinnen und Maß zu nehmen am Vorbild Jesu. Er trennte scharf zwischen Person- und Sachtoleranz. In der Sache kannte auch Jesus nur Zero-Toleranz; er hat an keiner Stelle vorhandene Gegensätze verschleiert oder gar zugekleistert. Jesus hat sie ganz im Gegenteil sehr offen artikuliert – um der Wahrhaftigkeit und vor allem um der Menschen willen, mit denen er es zu tun hatte. Jesus konnte und wollte den Menschen, mit denen er es zu tun hatte, nicht verschweigen, dass er sie auf einem radikal falschen, in die Irre führenden und gefährlichen Weg sah.

Der absoluten Intoleranz in der Sache entspricht bei Jesus aber eine ebenso unbedingte Toleranz gegenüber der Person des Nächsten. Diese Toleranz übte er nicht nur gegenüber dem Freund, gegenüber dem, mit dem er verbunden war; der so dachte und lebte wie er; er forderte und lebte sie auch gegenüber dem Gegner, ja sogar gegenüber dem Feind, selbst gegenüber denen, die ihm ans Leben wollten. Ihren Ausdruck findet diese absolute, unbedingte Persontoleranz in Jesu Aufforderung zur Feindesliebe. Jesus hat selbst vorgemacht, wie diese aussehen kann und was sie kosten kann. Jesus war bereit, die bestehenden Gegensätze und Konflikte am eigenen Leib auszuhalten, auf sich zu nehmen. So sehr er um die Konflikte wusste, so wenig hat er sie andere erleiden lassen; so sehr hat er sein eigenes Leben damit belastet. Er hat damit den Ursprungssinn von Toleranz als Bereitschaft zum Dulden, Leiden, Erleiden von Gegensätzen, Unterschieden, Konflikten geradezu personifiziert. Jesus hat um den Gegensatz zu den damaligen jüdischen Religionsparteien gewusst, der ihn schließlich konsequent ans Kreuz geführt hat. Er hat den resultierenden Konflikt aber nicht seinen Gegnern und Feinden aufgebürdet, sondern ihn auf sich genommen, bis hin zum Erleiden des Todes am Kreuz.

Wer so, in der Doppelheit von absoluter Persontoleranz und Abweisung von Sachtoleranz[37] lebt, leistet einen wahren, vielleicht den einzig tragfähigen Beitrag zum Bestehen einer Gemeinschaft und Gesellschaft. Diese hat nur Bestand, wenn sie sich (a) ehrlich, authentisch und ungeschminkt Rechenschaft über sich selbst und ihre Verfasstheit, auch über die sie gefährdenden Gegensätze und Konflikte gibt, wenn es

---

[37] Vgl. zur Sache: Heinzpeter Hempelmann: Wahrheit ohne Toleranz – Toleranz ohne Wahrheit. Zum Dialog mit Andersgläubigen, Wuppertal 2. Auflage 1997.

in ihr aber (b) Menschen gibt, die bereit sind, diese nicht auf Kosten der anderen zu lösen, sondern auf sich zu nehmen und im Rahmen ihrer Humanressourcen zu ertragen.

Wir können nicht anders, als den offen und ausdrücklich von Muslimen eingeräumten nach- und antichristlichen Charakter des Islam zur Kenntnis zu nehmen. Das muss dann freilich auch Konsequenzen haben für Missionsstrategie und Missionstaktik. Wir wollen beides zugleich und miteinander einüben: eine unbedingte Liebe zu Muslimen hier in Deutschland und weltweit und eine ebenso klare Auseinandersetzung mit einer Religion und einem Gottesglauben, der der unsere nicht ist und nicht sein kann.

g) Christliche Islamisierung des Christentums

Mit einer weiteren selbstkritischen Notiz möchte ich schließen. Mit großer Aufmerksamkeit und mit unverhohlener Befriedigung nehmen muslimische Theologen die von manchen christlichen Theologen betriebene Selbstauflösung des christlichen Glaubens wahr[38]. Eine vielerorts betriebene theologische Kritik

---

[38] Wer war Muhammad? Lebensgeschichte und prophetischer Anspruch, Freiburg/Basel/Wien 1990, 21–23. Der Bekannte Missionswissenschaftler Theo Sundermeier spricht von einer „Tendenz zur Selbstminimierung in Glaubensdingen". Aus ihr erwachse „eine Gotteslehre und Christologie, die sich kaum mehr vom islamischen Gottes- und Jesusbild unterscheidet": „Der Monotheismus wird seiner trinitarischen Weite entkleidet, Jesus wird als großes prophetisches Vorbild geglaubt, sein Tod ist ohne Heilsbedeutung, von seiner Auferstehung spricht man erst gar nicht." (Evangelische Identität angesichts der Vielfalt

bestreitet schlicht all das als christlich, was Muslimen seit langem und ohnehin ein Dorn im Auge ist. Wenn, wie nicht nur eine Minderheit akademischer evangelischer Theologen behauptet, Jesus Christus nicht (leiblich) auferstanden ist, wenn er für seinen Tod keine Sühnebedeutung beansprucht hat, wenn das Kreuz nicht mehr Begründung für die bleibende abgrundtiefe, ewige Verlorenheit aller ist, die sich nicht an ihm festmachen und auf Gottes Barmherzigkeit hoffen, dann betreibt solcher Niederriss zentraler Inhalte des christlichen Glaubens nichts anderes als eine Islamisierung des Christentums.

Muslime könnten wir dann wohl sein; Christen sind wir dann nicht mehr.

---

der Religionen, aus: Evth 57. Jg. (1997), (58–63) 59. Man kann sich lebhaft vorstellen, wie gerne, ja begeistert die Spitzenergebnisse einer ideologisierten historisch-kritischen Programmatik, die an die aufklärerische Destruktion klassischer Orthodoxie in Theologie und Kirche anknüpft, von muslimischen Apologeten aufgenommen werden: Wir wissen kaum etwas von Jesus; Paulus hat Jesus erst zum Sohn Gottes gemacht; das trinitarische Dogma ist spät und lässt sich aus dem NT nicht begründen; Jesus hat seinen Tod nicht als Sühne begriffen; leiblich auferstanden ist er auch nicht. – Wenn das stimmt, dann sollten wir tatsächlich christlichem Glauben den Abschied geben und überlegen, ob wir nicht schon längst – mehrheitlich im Bereich neuprotestantischer Theologie – Muslime geworden sind. Der Skandal liegt nicht nur in diesen sog. Spitzenergebnissen protestantischer Bibelwissenschaft, denen von deren Vertretern nur sehr vereinzelt widersprochen wird; der Skandal liegt noch mehr in der Gleichgültigkeit, mit der diese Ergebnisse konsequenzlos hingenommen werden. Die Begegnung mit dem Islam, die christliche Theologie und Kirche nach ihrem Profil und ihrer – christlichen – Identität fragt, stellt hier eine heilsame Herausforderung dar.

Der Islam stellt uns Christen in einer lange nicht erlebten Dringlichkeit vor die Frage nach unserem Profil und unserer Identität: Wer sind wir Christen als Christen im Gegenüber zum Islam? Warum Christen, warum Christentum, warum Christus? Die buchstäblich not-wendige Beantwortung dieser Frage könnte ein Beitrag sein zu der schon lange und mit Sehnsucht erwarteten Erweckung und Neubelebung christlichen Glaubens und Lebens.

Bibel und Koran

Siegfried Kettling

Einer möglichen Enttäuschung beim Leser möchte ich zuvorkommen. Deshalb sage ich am Anfang: Wir werden nicht Bibel und Koran nach ihrem *Inhalt* befragen und vergleichen (etwa: Was sagen beide Bücher über Jesus? Was sind hier und dort die jeweiligen Hauptthemen?) Wir wollen einen „*Strukturvergleich*“ versuchen: Was ist die Eigenart der beiden „heiligen Bücher“ im Zusammenhang der jeweiligen „Religion“, welchen Platz nehmen sie im „Koordinatensystem“ des Ganzen hier und dort ein, was ist ihr jeweiliger „Stellenwert“? Am Ende soll deshalb eine vergleichende, konfrontierende Graphik stehen. Ausgehen wollen wir von dem Begriff „Buchreligion“.

1. „Buchreligion“

Die Anhänger des Propheten Mohammed haben für die Juden, die Christen und sich selbst eine gemeinsame Bezeichnung gefunden, nämlich „Leute des Buches“. Sie sahen also in der Tatsache, dass alle drei Gruppen sich auf ein Buch beziehen (die „Schrift“ mit der Torah in der Mitte; die zweiteilige Bibel; der Koran), eine „heilige Schrift“ verehren, eine verwandtschaftliche Beziehung. Ähnlich denken manche Religionswissenschaftler (ihre Aufgabe ist das Erforschen und Vergleichen der vielgestaltigen Welt der Religionen). Sie haben den Begriff „Buchreligion" geprägt und fassen darunter oft Judentum, Christentum und Islam zusammen. Das leuchtet ja zunächst ein: Tatsächlich scheint es ja (wenn wir vom Judentum jetzt absehen) bei Moslems und Christen sehr ähnlich zu sein: Beide berufen sich auf ihre Heilige Schrift, beide schätzen das Schriftstudium hoch. So könnte man auf den ersten Blick meinen: Hier liegt eine enge „Strukturverwandtschaft" vor! Was den Muslimen der Koran, das ist den Christen die Bibel. Zugespitzt: Der Koran ist sozusagen die „Bibel der Muslime". Aber bei genauerem Zusehen werden wir entdecken: Der erste Blick trügt: Wo große Ähnlichkeit zu herrschen scheint, klafft in Wirklichkeit ein tiefer Graben.

2. Prophet oder Sohn?

Am Beginn des Islam steht eine große Persönlichkeit: Mohammed, der Anfänger des neuen Glaubens, der Stifter der Religion. Von zu Hause aus war er ein wohlhabender Kaufmann. Als Vierzigjähriger erlebte er eine tiefe Sinnkrise; letzte Fragen brachen gewaltsam auf, trieben ihn in die Einsamkeit, Da hatte er am Berg Hira das entscheidende Urerlebnis. In der „Nacht der Bestimmung", der „gesegneten Nacht" (so der Koran) wurde er – nach seiner Überzeugung und der seiner Anhänger – zum *Propheten Allahs.* In dieser „heiligen Nacht" des Islam empfing Mohammed den *Koran*, es ist also eine Nacht, wo sich Berufung, Erleuchtung und Inspiration verbinden. Berichtet wird, dass der Engel Gabriel vom Himmel herabstieg. Er trug ein gewaltiges Buch bei sich: den in göttlichem

Arabisch von Allah selbst geschaffenen Urkoran. Er herrschte Mohammed, von dem erzählt wird, er sei ein Analphabet gewesen, an „Lies!" (noch wörtlicher: „Zitiere!"). Mohammed weigert sich. Er ist doch des Lesens unkundig. Aber der Engel presst ihm das Buch gegen den Hals, würgt ihn: „Lies!" Da geschieht das Wunder: Plötzlich vermag Mohammed das göttliche Buch zu lesen. Ein bestimmter Abschnitt wird ihm gezeigt und eingeprägt. Mohammed schreibt ihn nieder oder lässt ihn schriftlich fixieren. So wird ihm nach und nach in Stücken der ganze göttliche Urkoran geoffenbart und auf Erden schriftlich festgehalten. Jährlich gibt es eine genaue Revision: Gabriel prüft scharf, ob das himmlische Urexemplar und das auf Erden entstehende Duplikat auch wirklich fehlerfrei übereinstimmen. So entsteht allmählich ein genaues Replikat, ein fehlerloses Faksimile. – Was ist die *Rolle des Mohammed*? Er wird zum *Propheten* erwählt, zum Sprecher, zum *Sprachrohr* des göttlichen Wortes, zum „Briefträger". Alles hängt an dieser seiner *Funktion*! Ums „Zitieren" geht's, und das Wort „Koran" meint eigentlich „Zitat".

Wenn wir hier einhalten und zum *christlichen Glauben* hinüberblicken, entdecken wir da einen völlig anderen Tatbestand. Wohl kennen wir – besonders vom Alten Testament her – die Gestalt des Propheten: Menschen, die von Gottes Geist erfüllt, „inspiriert" wurden, als „Mund Gottes" auftraten, Gottes Weisungen und Verheißungen weitersagten und auslegten. Charakteristisch für die Redeweise der Propheten ist der sog. „Botenspruch": „So spricht der HERR: ICH will" (z. B. Jer 19,15). Das ICH, das hier redet, ist nicht das des Propheten. Der HERR erhebt seine

Stimme durch den Boten, der nichts Eigenes zu produzieren hat. – Im deutlichen Gegensatz dazu wird *Jesus* im Neuen Testament niemals als Prophet bezeichnet (es sei denn von Leuten, die ihn noch nicht wirklich erkannt haben). Von einer göttlichen Inspiration und Berufung erfahren wir nichts. Für ihn ist gerade nicht der Botenspruch typisch: Ganz anders redet er, stellt das Neue, das er zu sagen hat, sogar in Kontrast zu alter Offenbarung: „Ihr habt gehört, dass Gott zu den Alten gesagt hat" (so muss man das Passiv „dass gesagt worden ist" übersetzen), „ICH ABER sage euch..." (so in der Bergpredigt). Jesus redet aus der Gottesunmittelbarkeit, ist nicht Sprachrohr, Briefträger. In Jesus tritt Gott selbst unter die Menschen: „Wer mich sieht, sieht den Vater." Hier begegnen wir dem *SOHN*! Nicht die *Funktion* ist hier wichtig, alles hängt an der *Person. Die Bergpredigt ist nur etwas, weil der Bergprediger hier spricht.*

3. Zweimal „Heilige Nacht"

Gerade haben wir den Wesensunterschied zwischen Mohammed und Jesus scharf markiert: Beim Stifter des Islam regiert die *Funktion*, bei Jesus sammelt sich alles Licht um die *Person.* Von einer *„Heiligen Nacht"* sprechen beide Seiten. Bei Mohammed geht es um die geheimnisvolle Stunde einer Berufung und Inspiration („Du Analphabet, lies!"). Die Christen aber feiern eine *Geburt*, beugen sich anbetend vor dem Wunder der Menschwerdung Gottes in Jesus: „Christ, der Retter, ist da!" so singen sie. Für uns Christen gilt: „Das Wort (der ewige LOGOS) ward

Fleisch“ (Joh 1,14), für die Muslime: „Das Wort ward Buch“ (Koran).

4. Göttliche Kopie oder Gottes Wort in Menschenmund?

Die genannte „spezifische Differenz“ spiegelt sich auch im Verständnis der *Inspiration* der Heiligen Schrift: Beim Koran waltet ein mechanischer Diktiervorgang, ein Kopierverfahren, bei dem fast nur zur Not ein Engel und der Mensch Mohammed einbezogen werden. Eigentlich ist das Buch senkrecht vom Himmel gefallen! Das Produkt der – zugespitzt formuliert – „Fotokopie“ ist ein (so die Lehre vom Koran) absolut widerspruchsloses und fehlerfreies Opus, das in jeder Sure sich auf demselben stilistischen Hochniveau befindet, das alle sonstigen Bücher himmelweit übertrifft. – Ein ganz anderes Bild zeigt uns etwa der *Anfang des Lukasevangeliums* (1,1–4), wo uns der Evangelist in einem Vorwort einen Blick in seine Theologische Werkstatt tun lässt. Da liegen Bücher und Zettel mit Bemerkungen auf dem Schreibtisch, Abschriften und Gesprächsnotizen, Gliederungsentwürfe. In sorgfältiger und mühevoller Arbeit des Ordnens sehen wir den Autor genau die zeitliche und sachliche Reihenfolge bedenken. Möglicherweise befindet sich dort neben dem Markusevangelium ein Blatt mit der Bemerkung „So mündlich die Mutter Maria“ oder „So nach Paulus der Apostel Petrus“. Jedenfalls spricht Lukas von den „vielen“, die sich vor ihm ans Werk machten (V.1) und deren Arbeit er dankbar benutzt und ergänzt. „Mit Fleiß“ (mit „Akribie") hat Lukas gesucht, geforscht. „In guter Ordnung" (V.3) – planvoll und mit Bedacht – stellt er den Stoff für den „edlen Theophilus" zusammen. Gott hat den Lukas nicht als Person ausgeschaltet und nur einen Computer übriggelassen, nein, Lukas ist von Gott erwählt, ganz eingeschaltet, mit all seinen Fähigkeiten „voll da". Lukas ist ein von Gottes Geist durchpulster, durchatmeter Zeuge Jesu und zugleich Historiker und Schriftsteller von hohen Gnaden. Ganz Werk des Heiligen Geistes ist das Evangelium und ganze Arbeit aus dem Kopf und der Feder des Lukas – so wie wir von Jesus bekennen: „Wahrer Mensch und wahrer Gott". – Ein weiterer Punkt ist bemerkenswert: Der *Koran* bewegt sich überall auf dem *Höchstniveau* des *himmlischen Arabisch.* Der biblische Gott aber steigt auf die *Ebene kleiner Leute* herunter. Im Neuen Testament finden wir nicht (oder kaum) das Hochgriechisch der antiken Dichter und Philosophen, sondern ein nachklassisches Volksgriechisch („Koine"). Graf Zinzendorf hat übertreibend von dem „elenden Fischergriechisch" gesprochen. Das kommt eben dabei heraus, wenn der große Gott so ein „Gefälle" zu den Geringen und Unbeachteten hat und ausgerechnet Fischer beruft. Unsre Bibel sieht unserem Gott ähnlich! – Noch etwas: Der Koran ist nach offizieller Lehre *unübersetzbar,* und das prinzipiell! Für das göttliche Arabisch gibt es eben keine irdische Entsprechung. Nur bestimmte muslimische Sekten haben Übersetzungen hervorgebracht – und natürlich nichtmuslimische Orientalisten aus Europa und von anderswo. Das Neue Testament wird dagegen von vornherein in einer *Weltsprache*, dem Griechischen, verfasst. Der aramäische Dialekt, den Jesus sprach, oder das heilige Hebräisch sind allenfalls in Spuren vorhanden (wie „Abba“ oder „Maranatha“). Warum wählt Gottes Geist von Anfang an eine profane Weltsprache? Weil er möglichst viele Menschen erreichen will, letztlich alle. Das Griechische macht das Neue Testament von vornherein zu einen Dokument des *Missionswillens Gottes*. Darum kann man an einer Missionsschule Griechisch nur mit Schweiß und zugleich mit Ehrfurcht lernen!

5. Wenn der Stifter stirbt

Funktion bei Mohammed, dem Propheten, *Person* bei Jesus, dem Sohn, so haben wir gegenübergestellt. Dieser Unterschied kommt natürlich besonders beim Tode der „Stifter“ heraus. Als Mohammed 632 (61-jährig) im Zelt seiner Lieblingsfrau Aisha stirbt und dort auch beerdigt wird, kommt es zu keinem Einschnitt, gar zu einem Bruch im 622 begonnenen Siegeszug des Islam. Ist Mohammeds Ende denn für den Islam bedeutungslos, ohne Belang? Aufschlussreich ist die Konfrontation zweier seiner Schüler, Omars und Abu Bekrs (des späteren ersten Kalifen). Omar will den Tod nicht wahrhaben, will beschwichtigen, verharmlosen: „Lügner sagen: Mohammed ist gestorben! Aber nein, bei Allah, der Gesandte Gottes ist nicht gestorben. Er ist zu seinem Herrn gegangen – wie einst Mose 40 Tage und Nächte von seinem Volk abwesend blieb und dann wieder zurückkam. Auch da hatte es geheißen, Mose sei gestorben. Und so mögen denn denen, die meinen, der Prophet sei gestorben, Hände und Füße abgehauen werden.“ Kühl und sachlich, die Tragweite genau erfassend, dagegen Abu Bekr, nachdem er im Zelt der Aisha den Toten betrachtet und geküsst hatte. Lapidar stellt er klar: „Leute, wer Mohammed verehrt, der wisse: Mohammed ist tot. Und wer Gott verehrt, der wisse: Gott lebt und stirbt nicht." Dann zitiert er den Koran: „Mohammed ist nichts als ein Gesandter. Andere Gesandten sind bereits vor ihm gestorben. Wenn er nun auch sterben sollte, werdet ihr dann wohl wieder in eure früheren Fußstapfen zurückkehren?" (d. h. dem Islam den Rücken kehren?) – In der Tat: Man konnte den Propheten getrost ins Grab legen. Seine Person war ja für die von ihm begründete Religion nicht von Bedeutung. Wichtig war allein seine Botschaft, und die war inzwischen in den Koran eingegangen, dort bleibend fixiert. *Das heilige Buch hatte den Propheten vollkommen ersetzt.* So ist Mohammed wohl der „Initiator" des Islams (das „initium", der historische Anfang), und als solchen verehrt man ihn über den Tod hinaus wie eine Reliquie. Aber die Lebensmitte, das „Prinzip" des Islam, ist nicht er, sondern das Buch, das seinen Platz eingenommen hat, das Buch als die festgelegte Willenskundgebung Allahs. – Blicken wir zum *christlichen Glauben* hinüber! Er beruht ja nicht auf irgendwelchen tiefen Worten (und seien es die der Bergpredigt), nicht auf einer neuen Lehre, sondern allein auf diesem Mann Jesus von Nazareth. „Ich bin's". Wenn alles an dieser Person hängt, was bedeutet sein Tod? Das haben die Emmausjünger klar erkannt, wenn sie in einer Art Vergangenheitsklage voller Trauer und Resignation sagen: „Wir aber hofften, er sollte Israel erlösen" (Lk 24,21). Mit Jesu Tod ist alles vergangen, ist alles zu Ende und tot! Das hat

Paulus pointiert ausgesprochen: „Ist Christus nicht auferstanden, dann ist euer Glaube“ – dann ist überhaupt alles – „sinnlos“ (1Kor 15,14). Der tote Jesus kann eben nicht wie der tote Mohammed durch eine zweite Größe, durch das heilige Buch, ersetzt werden. Ein „Fortsetzung folgt“ kann es nur geben, wenn der Tote zum Leben erweckt wird, wenn das Ich, die Person, neu hervortritt, wenn auf Karfreitag *Ostern* folgt. Eben das hat Gott getan. Deshalb der triumphale Jubel des Paulus „Nun aber IST Christus auferstanden“ (1Kor 15,20); nun ist alles gewonnen, alles gut! Wir bemerken: Jesus ist als der irdische wohl der „Anfänger“ des Christenglaubens. Als der gegenwärtige Herr ist er aber zugleich die Lebensmitte, die Quelle, das Zentrum des Glaubens. Es gibt keine „Sache Jesu“, die irgendwie verwandelt weitergehen könnte; die „Sache Jesu“ ist Jesus selbst, ist „*Anfänger und Vollender des Glaubens*“ (Hebr 12,2). Das wird übrigens sehr anschaulich an der *Selbstbezeichnung* des jeweiligen „Anhänger“. Das Wort „Mohammedaner“ ist grundfalsch, kein Moslem würde sich je so nennen. „Muslime“ heißen sie, solche, die den „Islam“ vollziehen (sprachlich grundlegend sind in beiden Worten die Konsonanten S L M), nämlich die Unterwerfung unter den Willen Allahs, wie er im Koran niedergelegt ist. Schon früh aber kommt es zu der Bezeichnung „*Christen*“ (Apg 11,26). Sie werden so genannt, und sie nennen sich selbst nach dem Namen ihres Herrn. Christen haben keine Ideen zu vertreten, nicht für Prinzipien einzutreten, sondern den einen Namen zu proklamieren: „Christ, der Retter, ist da!“. Das wird zudem ebenso deutlich an dem Schlüsselwort, das die Haltung, die innere Existenz der jeweiligen „Anhänger“ bezeichnet. Bei den Muslimen sprachen wir schon von dem Kernwort „*Unterwerfung*“. Das zeigt übrigens, dass der Islam in seinem Wesen eine *Gesetzesreligion* ist, vom „Du sollst!“ bestimmt, von Verdienst und Lohn beherrscht. In der Mitte der christlichen Existenz steht die *Frohe Botschaft*, die Gute Nachricht, die – auf den Punkt gebracht – nicht anders heißt als „ICH bin, ICH bin für euch da!“ Darum lautet das christliche Zentralwort nicht „Unterwerfung“, sondern *GLAUBE*, persönlicher Lebensanschluss an Jesus, den gekreuzigten und auferstandenen Herrn.

6. Wozu die Bibel?

Auf eine seltsame Frage stoßen wir nun: Wenn Anfang und bleibendes Zentrum unseres Christenglaubens die Person Jesus Christus ist – und sie allein! –, was soll dann das Neue Testament, die Bibel? Wir müssen das deutlich sagen: Eine „Buchreligion“ kann der Christenglaube dann nicht sein – wie der Islam es ist. Die Bibel ist also jedenfalls neben Jesus, neben dem lebendigen dreieinigen Gott eine zweite, eine sekundäre Größe. Ich kann wohl „bibeltreu“ sein, aber nicht „bibelgläubig“, denn das „Glauben an“ gehört dem lebendigen Gott allein (1. Gebot). Das eigentliche Wort Gottes ist Jesus in Person („das Wort ward Fleisch“). Aber das ist nun die Ehre, die Herrlichkeit, die Heilsnotwendigkeit der Bibel: Sie ist das eine – vom Geist Gottes geschaffene – „*Wort vom Wort*“. Der Philosoph Hamann hat genial doppelsinnig von der UR-KUNDE gesprochen. Ja, die Bibel ist die „Urkunde“. „*Kunde*“ ist sie, lebendige, geisterfüllte Anrede, in der sich Jesus durch den Geist selbst gegenwärtig macht und uns mit Urgewalt zu sich ruft. Auf diese „Kunde“ können wir bauen im Leben und im Sterben. Darum ist die Bibel zugleich (nach Hamann) im juristischen Sinn Gottes *„Ur-kunde“*, das *Dokument*, in dem er es uns schriftlich gibt, sich selbst eidlich festlegt, sich verbindlich macht. Ganz gewiss: „Das Wort ward Fleisch“ (nicht Buch wie im Islam): das bleibt der erste Satz. Aber dies eine „Personwort“ schenkte uns das „Wort vom Wort“, die Bibel, gab sie uns als *Quelle,* aus der das lebendige Wasser fließt, das aus dem ICH, der Personmitte, dem Herzen Gottes kommt –, und zugleich als *Norm*, als Maßstab, als unwandelbare Orientierung für unser Leben. Aber einer „Buchreligion“ gehören wir Christen nicht zu. Das zeigt sich auch darin: In der Mitte des Islam, seiner Dogmatik, steht die „Koranlehre“, in der Mitte der christlichen Dogmatik die Christologie, das Nachdenken über IHN!

Herausforderung Islam – Sind wir darauf vorbereitet?

Christine Schirrmacher

Fast könnte es so scheinen, als ob viele Menschen in Deutschland das Thema „Islam" erst richtig wahrgenommen haben, nachdem die Terroranschläge am 11. September 2001 die westliche Welt erschütterten. „Terror" und „der Westen" waren im Denken vieler Menschen zwei getrennte Welten; Terror schien weit weg, in Afrika, in Algerien oder allenfalls im Nahen Osten zu Hause zu sein. Seit den Flugzeugangriffen des „nine eleven" – wie dieser Tag im Amerikanischen häufig genannt wird – und den nachfolgenden, in Europa zum größten Teil durch Sicherheitskräfte vorzeitig aufgedeckten, aber in anderen Teilen der Welt mehrfach zum Erfolg gekommenen Anschlägen hat sich dieses Bild gewandelt. Für die Existenz eines extremistischen Islam und sein Bedrohungspotential ist das allgemeine Bewusstsein größer geworden. Aber hat damit auch das Wissen über den Islam an sich zugenommen? Der extremistische Islam stellt zwar ein spektakuläres, furchteinflößendes, bedrohliches, aber eben zahlenmäßig doch nur kleines Spektrum innerhalb des Islam dar.

Es wird daher nicht genügen, sich nur mit dem islamischen Extremismus zu beschäftigen – so dringlich unser Augenmerk auf dieses Spektrum auch gerichtet sein muss. Es gilt, den Islam nach seinem eigenen Selbstverständnis und in seiner ganzen Bandbreite, seiner theologischen Vielfalt, seiner unterschiedlichen Zielsetzung, seiner in Deutschland vorherrschenden Ausprägung und seiner internationalen Verflechtung – und nicht nur nach einem imaginären Wunschbild – wahrzunehmen. Nur dann werden die westlichen Gesellschaften in der Lage sein, der Herausforderung Islam angemessen zu begegnen.

Sind wir also zu einer sachlichen, sachkundigen und ausgewogenen Debatte über und mit dem Islam und seinen Vertretern und Meinungsbildnern bereit? Sind wir dazu überhaupt in der Lage?

1. Wissen über den Islam – alles kein Problem?

Dass am Anfang die Information stehen muss, klingt fast schon zu selbstverständlich, um eine eingehendere Begründung zu verlangen. Dennoch scheint es so, als ob schon diese grundlegende Voraussetzung zum gegenseitigen Verständnis viel zu lange vernachlässigt worden ist. Muslime leben doch keinesfalls erst seit dem 11.9.2001 in Europa und sind auch nicht über Nacht unerwartet nach Deutschland eingewandert. Schon 1961 – also vor über 40 Jahren – wurden die ersten Anwerbeverträge mit türkischen Arbeitnehmern geschlossen. Seitdem ist nach einem 1973 erlassenen Anwerbestop durch Familienzusammenführungen, durch eine im Vergleich zur deutschen Gesellschaft überproportionale Geburtenrate sowie Flüchtlinge und Asylbewerbern aus unterschiedlichen Ländern die Zahl der Muslime in Deutschland kontinuierlich auf etwa 3,2 Mio. Menschen angestiegen. Zu den über 2 Mio. Menschen türkischer Herkunft, die den Islam in Deutschland türkisch prägen, gehören auch eine größere Gruppe Kurden und andere türkischstämmige Minderheiten. Zu rund 150 000 bisher noch nicht rückgeführten Bosniern kommen mehrere Hunderttausend Araber aus den unterschiedlichsten Nationen (Marokkaner, Tunesier, Ägypter u.a.), sowie über 100 000 Iraner, die vor allem in den 80er Jahren vor den verheerenden Auswirkungen der Iranischen Revolution und des iranisch-irakischen Krieges 1980–1988 geflüchtet sind.

Die Hauptgruppierung in theologischer Hinsicht stellen in Deutschland die Sunniten (auch die Hauptgruppierung innerhalb des weltweiten Islam) mit über 2 Mio. Menschen dar. Hinzu kommen etwa 150 000 Schiiten und vielleicht rund 400 000 Aleviten, vor allem aus der Türkei und Syrien, sowie weitere etwa 50 000 Anhänger der Ahmadiyya-Bewegung, die von den meisten anderen Muslimen als „Sektierer" verurteilt werden, die sich aber selbst als strenggläubige Muslime betrachten und im Moscheebau in Deutschland sehr aktiv sind. Vielleicht 600 000 Muslime besitzen die deutsche Staatsangehörigkeit, dazu gehören auch rund 10–12 000 deutschstämmige Konvertiten.

Soweit die reine Statistik. Ist aber der Islam in dieser Vielfalt in unserer Gesellschaft schon wahrgenommen worden? Was verbirgt sich hinter der nüchternen Etikettierung „Sunniten", „Schiiten", „Aleviten"? Alle diese theologischen Gruppierungen, die teilweise mit ethnischen Zugehörigkeiten übereinstimmen, besitzen ihre eigene Sichtweise von Staat und Demokratie, vom Leben in einer säkularen, postmodernen Gesellschaft und sind der Scharia, der Gesamtheit des islamischen Gesetzes – wozu das Strafrecht, das Zivilrecht, aber auch Bestimmungen zu Moral und Religionsausübung gehören – in unterschiedlichem Maß verpflichtet.

2. Entwicklungswandel unter deutschen Muslimen

Während die erste Generation der „Gastarbeiter“ in Deutschland selbst das erklärte Ziel hatte, nach einigen Jahren des Gelderwerbs mit bescheidenem Wohlstand in die Heimat zurückzukehren, änderten sich später diese Pläne – mitbedingt durch eine ungünstige wirtschaftliche Entwicklung in der Türkei – und die zweite und dritte Generation der „Gastarbeiterkinder“ wuchs in Deutschland heran. Spätestens in den 80er Jahren wäre absehbar gewesen, dass die meisten dieser Menschen in Deutschland bleiben werden. Aber selbst dort, wo diese Entwicklung absehbar war, schien die deutsche Gesellschaft nur allzu selbstverständlich davon auszugehen, dass sich diese Menschen an die westliche, säkulare Gesellschaft anpassen, ihre religiös-ethnischen Bezüge mit der Zeit aufgeben und sich „assimilieren“ würden – heute liegt offen zutage, dass dies nicht geschehen ist, ja, dass längst eine umgekehrte Entwicklung eingesetzt hat:

3. Zwei Beispiele:

a) In Deutschland aufgewachsene Kinder – und doch ohne Sprachkompetenz

Noch immer werden ausländische – insbesondere türkische und arabische – Kinder in die erste Grundschulklasse eingeschult, die kein Deutsch beherrschen, weil sie in einem rein türkischen oder arabischen Umfeld aufgewachsen sind. Das hat vor allem seinen Grund darin, dass in Deutschland aufgewachsene türkische Muslime häufig eine Verwandte aus der Türkei heiraten (als besonders vorteilhaft gilt die Heirat einer Cousine). Die auch in Deutschland von Immigranten teilweise streng beachtete und im Islam tief verwurzelte Geschlechtertrennung und die islamisch-nahöstlichen Anstandsregeln, die die Frau nach traditionellem Verständnis sehr stark auf das Haus begrenzen, während der Ehemann und Familienvater alle notwendigen Außenkontakte – teilweise sogar die Einkäufe – wahrnimmt, hat zur Folge, dass diese in Deutschland verheirateten Frauen nie einen Deutschkurs besuchen oder Kontakt zur deutschen Bevölkerung aufbauen werden. Hinzu kommt, dass viele dieser Zuwanderer bevorzugt Stadtteile mit muslimischer Bevölkerung wählen, so dass in immer mehr Großstädten ein „Klein-Istanbul" entsteht, in dem der türkische Friseur, Bäcker, Ladenbesitzer und – nicht zuletzt – die Moschee alle sozialen Funktionen abdecken. Ein „Außenkontakt" mit der deutschen Gesellschaft ist nur noch vereinzelt erforderlich und wird dann nicht selten als feindlich erlebt.

Eine mangelhafte Sprachbeherrschung der jungen Muslime der zweiten und dritten Generation führt jedoch schon jetzt dazu, dass ihr Anteil an Schulabgängern ohne Schulabschluss, an Sonderschulabgängern und Hauptschülern eklatant höher ist als das ihrem Anteil an der deutschen Gesellschaft entsprechen würde. Welcher Zukunft gehen diese jungen Menschen entgegen, besonders angesichts der gegenwärtigen düsteren Arbeitsmarktprognosen? In ihrem Herkunftsland ebenso fremd wie in Deutschland und mit mangelhafter Sprachkompetenz in beiden Sprachen scheint es für sie kaum Zukunftsperspektiven zu geben.

Die Diskussion über ein Pflichtvorschuljahr für Migrantenkinder zum Spracherwerb ist ein Schritt in die richtige Richtung, ja, längst überfällig. Während in Deutschland – fast möchte man sagen: typisch deutsch – die „Leitkulturdebatte" heftige Reaktionen hervorrief, ist anderen Einwanderungsländern längst klargeworden, dass Integration, berufliches Fortkommen und eine gesunde Identifizierung mit dem Einwanderungsland und seinem Rechtssystem mit einem fundierten Spracherwerb beginnt und ohne diesen eben nicht vorstellbar ist.

b) Rückzug in Moschee und Familie

Erkennbar ist auch, dass der Islam als Religion eher an Anziehungskraft gewonnen denn verloren hat. Von einem vielbeschworenen „Abschleifen" der Religion in der zweiten und dritten Generation kann heute keine Rede mehr sein. Sicher gibt es die „säkularisierten" Muslime, die den gleichen Freizeitvergnügungen nachgehen wie deutsche Jugendliche, aber aufs Ganze betrachtet, ist der Islam unter Immigranten eine lebendige Religion geblieben. Nicht indem vielleicht jede einzelne islamische Glaubensvorschrift in jeder Familie detailgenau beachtet wird, aber doch so, dass der Islam Rückhalt und Identität bietet. Religion und Tradition werden z. T. intensiver gepflegt als in der Heimat, oder die jungen Menschen der zweiten und dritten Generation wenden sich – nachdem ihre Eltern einen verhältnismäßig aufgeklärten Islam gelebt haben – ihrerseits wieder einer strikten Befolgung der islamischen Vorschriften (einschließlich des Kopftuchtragens und Fastens) zu.

In vielerlei Umfragen betonten muslimische Jugendliche, dass sich eine Mehrheit von ihnen von der deutschen Gesellschaft nicht nur nicht akzeptiert, sondern regelrecht an den Rand gedrängt und diskriminiert fühlt. Jugendstudien wie die bekannte „Shell-Jugendstudie" belegen, dass Muslime und (deutsche) Nichtmuslime in ihren Kontakten und Freundschaften weitgehend unter sich bleiben und kulturübergreifende Freundschaften immer noch eher die Ausnahme als die Regel sind.

So ist nicht nur der Islam der deutschen Mehrheitsgesellschaft fremd geblieben, sondern auch die deutsche Gesellschaft vielen Muslimen. Sie leben nicht mehr in der Türkei, aber sie sind in Deutschland nicht wirklich angekommen, weder sprachlich, noch emotional, noch, was ihre aktive Teilhabe an der Gesellschaft betrifft. Wenn zur drohenden Erfolglosigkeit in der Schullaufbahn und Erfahrungen der Ablehnung dann noch eine Anbindung an eine Moschee tritt, die eher Distanz und Rückzug von der deutschen Gesellschaft predigt und den türkischen Nationalismus und den Islam als Identität vermittelt, dann scheinen diese Jugendlichen für eine gelungene Integration und ihre Bereitschaft zur Öffnung fast schon verloren zu sein.

Nur eine vertiefte Kenntnis des Islam und der gegenwärtigen Entwicklungen unter Muslimen in Deutschland – einschließlich der Kenntnis über kulturelle Besonderheiten wie z. B. Familienwerte – werden uns in die Lage versetzen, fundiert über eine mögliche Lenkung dieser Entwicklungen nachdenken zu können. Nur so wird verhindert werden können, dass Entwicklungen immer erst dann wahrgenommen werden, wenn für die deutsche Gesellschaft längst eine Bedrohung entstanden ist (vgl. die jüngsten Ereignisse um die King Fahd-Akademie in Bonn oder das gerichtliche Tauziehen um die Ausweisung des „Kalifen von Köln").

Es geht dabei jedoch nicht nur darum, das Weltbild einiger gewaltbereiter Extremisten kennen zu lernen, sondern Denken, Glauben und Leben der muslimischen Minderheit als solche zu verstehen. Solange in Schulen und Berufsbildungsanstalten so wenig Wissen über grundlegende nahöstlich-muslimisch kulturelle Werte wie z. B. das Konzept von „Ehre und Schande" oder die Rolle der Frau vorhanden ist, werden sich verzweifelte Lehrerinnen fragen, warum ein männlicher Schüler sich von ihr nichts sagen lassen will, warum der ältere Bruder diesen Schüler womöglich besser unter Kontrolle hält als sie oder warum nach einem Klassenausflug ein aufgeklärt und modern wirkendes türkisches Mädchen plötzlich Hals über Kopf aus der Schule genommen und in die Türkei (zwangs)verheiratet wurde.

Nur aus einem vertieften Verständnis des Islam als Religion und gesellschaftlicher Ordnung heraus werden westliche Gesellschaften in der Lage sein, religiös-gesellschaftliche Freiheiten und Grenzen für sich selbst ebenso zu definieren wie sie für religiöse Minderheiten abzustecken – von denen einige eine politische Agenda im Gepäck haben.

4. Grenzen der Religionsfreiheit?

Ausgehend von einer differenzierten Kenntnis der nahöstlich-muslimischen Kultur wird dann auch eine fundierte, nüchterne Bestandsaufnahme der eigenen, westlichen Kultur möglich sein. Diese Bestandsaufnahme ermöglicht die Vergewisserung im Konsens, welche Forderungen anderer Religionsgemeinschaften denn bereitwillig erfüllt werden können, weil sie unter das Thema „Religionsfreiheit" fallen und welche Forderungen Werte der westlichen Gesellschaft in Frage stellen, die sie erst gestern mühsam erkämpft hat und eigentlich als große Errungenschaft betrachtet (wie z. B. die Gleichberechtigung der Geschlechter). Darin liegt ja nun gerade eine Besonderheit des Islam, dass er nach seinem eigenen Selbstverständnis nicht nur Religion, sondern auch gesellschaftlich prägende Kraft – und nach der Auffassung islamistischer Kräfte – und politisches System sein möchte. Islamisten werden daher immer danach trachten, die bestehende Ordnung in eine Ordnung umzugestalten, in der das islamische Gesetz (die Scharia) Gültigkeit erhält. Aus diesem Blickwinkel sind die höchstrichterlich erzwungenen Urteile zum Schächten, zum Kopftuchtragen oder zum lautsprecherverstärkten Gebetsruf zu betrachten. Auch muss das Bestreben in diesen Kontext eingeordnet werden, möglichst große Moscheezentren mit multifunktionalen Räumlichkeiten und der Versuch, einer Moschee ein möglichst hohes Minarett anzufügen – das schon in mehreren Städten in der Ausführung um etliche Meter höher „geriet" als die Baugenehmigung vorsah, aber m. W. in keinem Fall abgetragen werden musste. Nicht wenige Menschen scheinen hierzulande Sorge zu tragen, dass der Islam auf ihre Konversion zum Islam hinarbeite. Selbstverständlich ist der Übertritt von Nichtmuslimen zum Islam ein erwünschter Effekt, keinesfalls aber die Hauptstoßrichtung von islamistischer Seite.

5. Gleiche Begriffe = gleiche Inhalte?

Wie wenig entwickelt das Wissen über den Islam und seine Auffassungen über bestimmte theologische, rechtliche und kulturelle Belange ist, zeigen auch Diskussionen, in denen über dieselben Begrifflichkeiten gestritten wird, mit denen aber im jeweils anderen religiös-kulturellen Kontext unterschiedliche Inhalte verbunden werden.

a) Die Menschenrechtsfrage

Da ist die z. B. die derzeit etwas in den Hintergrund getretene Menschenrechtsdiskussion. Wie oft haben muslimische Organisationen betont, dass der Islam nicht nur die Menschenrechte achte, sondern sogar umfangreichere Menschenrechtskataloge formuliert habe als der Westen und eigentlich der „Urheber“ aller Menschenrechte sei. Dabei wird bei einem zweiten Blick auf die Inhalte der Menschenrechtserklärungen im westlichen und islamischen Kontext offensichtlich, dass alle islamischen Menschenrechtserklärungen als Präambel die Scharia über jegliche Menschenrechte stellen. In praktischer Anwendung bedeutet das, dass ein Apostat keinerlei Menschenrechte mehr einfordern kann, da er nach den Bestimmungen der Scharia ein todeswürdiges Verbrechen begangen hat und daher keine Religionsfreiheit oder anderweitige Menschenrechte mehr beanspruchen kann. Beim Abfall vom Islam endet das Recht auf Religionsfreiheit und Menschenrechte nach ganz überwiegender Meinung muslimischer Theologen – diese Tatsache muss einfach beim Namen genannt werden.

Hier liegen die wirklichen Diskussionspunkte zwischen westlichem und islamischem Menschenrechtsverständnis und nicht in der vordergründigen Diskussion, ob der Islam überhaupt irgendwelche Menschenrechte kenne. Nur aus einer vertieften Kenntnis der Religion, Kultur und des Rechtssystems des Islam werden solche Diskussionen im breiteren Rahmen und öffentlichen Raum überhaupt geführt werden können.

b) Die Toleranzfrage

Ein anderes Beispiel ist die Frage der Toleranz und des Toleranzbegriffs. Dass der Islam das Christentum akzeptiere, Christen den Islam jedoch nicht, ist ein häufig geäußerter Vorwurf muslimischer Apologeten. Nicht selten wird in diesem Zusammenhang darauf verwiesen, dass muslimische Eroberer – im Gegensatz zu den christlichen Kirchen und Kreuzzüglern – Christen nicht vor die Wahl der Bekehrung zum Islam oder des Todes gestellt hätten. Und auch ganz grundsätzlich, so die Argumentation, erkennten Muslime Jesus Christus als geachteten Propheten und das Alte und Neue Testament als Offenbarungen an, während Christen sowohl Muhammad als auch dem Koran ihre Anerkennung verweigerten.

Auch hier geht eine Diskussion über den Begriff der „Toleranz“ ohne vertiefte Islamkenntnis leicht in die falsche Richtung: Was wird innerhalb des Islam unter „Toleranz“ verstanden? Nun, ganz gewiss keine gleichberechtigte Anerkennung einer anderen Religion. Schon aus dem Koran wird deutlich, dass Muhammad ab 610 n. Chr. zwar um die Anerkennung und Anhängerschaft der Christen (und Juden) warb, er den christlichen Glauben, als sie ihm die Christen seiner Zeit ihre Nachfolge verweigerten, jedoch in seinen letzten Lebensjahren immer mehr als Gotteslästerung und die christliche Offenbarung als verfälscht betrachtete. Ja, Christen durften in islamisch eroberten Gebieten in der Regel ihren Glauben behalten. Aber sie wurden zu Unterworfenen (arab. dhimmis – Schutzbefohlenen), die steuerlich für ihren „Unglauben“ bezahlten und mancherlei rechtliche Benachteiligungen, Diskriminierungen bis hin zu Verfolgung und Tod erdulden mussten.

Ja, der Koran bezeugt das Alte und Neue Testament als Offenbarungen Gottes, und Jesus ist ein geachteter Prophet im Koran. Aber er wird nur als „Verkünder des Islam“ geachtet, als Vorläufer Muhammeds, der nur ein Mensch ist und für niemand Erlösung erwirkte. Von den Christen, so die islamische Position, wurde Jesus fälschlicherweise als Gottessohn verehrt und sie verdrehten damit seine „ursprünglich islamische“ Botschaft ganz und gar. Die christliche Offenbarung als solche genießt als „verfälschte Schrift“ also nur wenig Achtung im Islam und die Person Jesu, wie sie im Alten und Neuen Testament dargestellt wird, ebenso wenig.

Bedenklich stimmt, dass manche muslimischen Organisationen schon heute darauf drängen, dass nichts „Negatives“ mehr über den Islam veröffentlicht werden dürfe, da dies Diskriminierung bedeute – mit anderen Worten, alles, was nicht aus muslimischer Sicht geschrieben wurde, ist zu unterbinden (eine Entwicklung, die z. B. in Großbritannien durch islamische Lobbyarbeit weitaus mehr fortgeschritten ist). Der Ausgangspunkt dieser Überlegungen ist der den Christen aus islamischer Sicht zukommende Dhimma-Status, der des Schutzbefohlenen, der dem Islam unterstellt und dem islamischen Gesetz unterworfen ist. Hier wird es ganz wesentlich daran liegen, wie „wach“ die westliche Gesellschaft diese Entwicklung verfolgt und in welchem Maß sie bereit ist, ihre mühsam erkämpfte Presse- und Meinungsfreiheit zu verteidigen.

c) Die Frauenfrage

Ein weiteres Beispiel ist die häufig zitierte Stellung der Frau. Auch hier würde eine vertiefte Kenntnis des Islam zu einer besseren Ausgangslage in der Diskussion und letztlich zu mehr Ehrlichkeit über die wirklich strittigen Punkte führen. Muslimische Apologeten betonen, dass die Frau im Islam gleichberechtigt vor Gott sei, ja, dass der Islam der Frau die wahre Würde, Freiheit, Schutz und Respekt verleihe. Aus westlicher Sicht ist eine Frau mit Kopftuch und Mantel ein „unterdrücktes Wesen“. Was ist nun richtig?

Ja, der Koran spricht davon, dass Mann und Frau vor Gott gleich erschaffen wurden, ohne dass er einen Hinweis darauf gäbe, dass die Frau ein Wesen von „minderem Wert“ sei. Gleichzeitig spricht der Koran – und noch viel deutlicher die islamische Überlieferung – von der unterschiedlichen Aufgabenzuteilung für Mann und Frau, aus der unterschiedliche Rechte abgeleitet werden, ja, die rechtliche Benachteiligung der Frau festgeschrieben wird.

Sie ist rechtlich benachteiligt im Erbrecht (sie erbt nur die Hälfte), im Zeugenrecht (ihre Aussage gilt nur halb so viel wie die Aussage eines Mannes), im Eherecht (für sie ist die Scheidung erschwert, in einigen Ländern fast unmöglich; dem Ehemann ist in den meisten Ländern die Polygamie erlaubt). Eine überall anerkannte Grundlage des islamischen Eherechts ist die Gehorsamspflicht der Ehefrau und das Erziehungsrecht des Mannes ihr gegenüber, das ihr verbietet, gegen seine Einwände selbstbestimmte, eigenständige Entscheidungen zu treffen (das Haus zu verlassen, Kontakte zu Personen zu unterhalten, die er nicht billigt u. ä.). Zollt sie ihm diesen Gehorsam nicht, darf er nach Meinung der überwiegenden Zahl der Theologen nach Sure 4,34 zum Mittel der Züchtigung greifen.

Es ist daher viel eher dieses Eherecht (Polygamie, Gehorsamspflicht, Züchtigung, Erbrecht) – das in der islamischen Welt ganz überwiegend konservativ aufgefasst wird – (die Türkei bildet eine gewisse Ausnahme), das deutschen Rechtsauffassungen viel mehr entgegensteht als ein Kleidungsstück. Aber diese strittigen „Frauenfragen“ sind bisher noch zu wenig öffentlich thematisiert worden.

Gleichen Begriffen liegen nicht unbedingt gleiche Inhalte zugrunde. Diese kulturell-religiösen Inhalte ergeben sich vielmehr aus dem spezifisch kulturell-religiös-politischen Zusammenhang, in dem sie entstanden sind. Begriffe wie „Toleranz“ und „Gleichberechtigung“ können eben nicht – ihrer christlichen Wurzeln beraubt – auf andere Kulturen und Religionen problemlos übertragen werden und dann wie selbstverständlich auch gleiche Inhalte bieten.

Aus einer vertieften Sicht des Islam heraus würde auch eine realistischere eigene Standortbestimmung möglich sein. Dann würde unsere Gesellschaft – einschließlich der Kirchen – auch deutlicher erfassen, unter welchem Blickwinkel der Islam die westliche Gesellschaft und das Christentum betrachtet. Dann könnten theologische Diskussionen nicht nur über oberflächliche Debatten über die „abrahamitischen Religionen“ hinauskommen, sondern mit entsprechend vertieftem Wissen über die „andere“ Religion über die wirklich kniffligen Punkte sprechen – z. B. die Frage des Gottesbildes, der Offenbarung, der Koranentstehung oder der Frage, warum der Islam beansprucht, schon vor dem Christentum existiert zu haben und Adam als Verkünder des Islam zu betrachten.

6. Muslime erwarten Antworten

Der Islam ist zu einer gewaltigen Herausforderung für Staat, Gesellschaft und Kirche geworden. Muslime wie islamische Führer und Organisationen erwarten von der deutschen Gesellschaft fundierte Antworten. Sie erwarten keine Abgrenzungen auf mitmenschlicher Ebene und keine Diskriminierung und sollten sie in unserer Gesellschaft auch nicht erfahren. Diese Gesellschaft hat keine „muslimische Invasion“ erlebt, sondern es leben heute Muslime als ihre Mitmenschen unter ihnen, die sie selbst gebeten haben, zu ihnen zu kommen und hier zu leben und zu arbeiten.

Muslime erwarten auch eine theologische Antwort, um das Christentum als ernstzunehmenden Gesprächspartner klarer erkennen zu können. Keine Antwort, die ohne tiefergehende Beschäftigung mit dem Islam von vorneherein von gleichen Inhalten beider Religionen ausgeht und sich weigert, alle auftauchenden Unterschiede aus beiden Texttraditionen überhaupt wahrzunehmen. Muslime sind in aller Regel ganz und gar nicht der Ansicht, dass der Islam und das Christentum „dasselbe“ sind und vertreten. Christliche Standpunkte und Werte, von Christen in Kirche und Gesellschaft vertreten, wären aus muslimischer Sicht eine nicht näher zu begründende Selbstverständlichkeit und würden Achtung und Respekt verlangen – wie es umgekehrt im Islam auch der Fall ist. Ein falschverstandenes, theologisches „Sich-Anbiedern“ wird von vielen Muslimen auch als solches verstanden – und häufig verachtet.

Die Mehrzahl der Muslime, die in Deutschland unpolitisch denkt und lebt und sich große Sorgen macht um die Rechte, die islamistische Gruppen Stück für Stück mit Erfolg einfordern, erwarten eine Antwort vom deutschen Staat, dessen Aufgabe es ist – aus einer vertieften Kenntnis des Islam – zu einer vernünftigen Grenzziehung gegenüber politischen Kräften zu kommen. Es darf keinen doppelten Rechtsstandard geben – bei der Stellung der Frau oder der Ankerkennung der Vielehe etwa – denn nur eine Verständigung auf eine gemeinsame Rechts- und Werteordnung wird den Erhalt unseres Staates auf Dauer garantieren können. Es lohnt sich, für diese gemeinsamen Werte menschlich freundlich und inhaltlich eindeutig zu streiten und zu kämpfen und die Grundlagen von Gesellschaft, Kirche und Staat zu verteidigen.[39]

[39] Aus: **Evangelische Verantwortung**, Evangelischer Arbeitskreis der CDU/CSU, November 11/2003, S. 7-12.

Muslime unter uns

Eberhard Troeger

1. Klärungen

Es ist sinnvoll, am Anfang einige Begriffsbestimmungen vorzunehmen. Ich verstehe unter *Muslimen* alle Menschen islamischer Tradition im weitesten Sinne, also auch die Aleviten aus der Türkei, obwohl sie von vielen Muslimen nicht als solche anerkannt werden. Auch die Anhänger der Ahmadîja sehe ich als Muslime, obwohl sie durch einen Beschluss der Islamischen Konferenz aus dem Islam ausgeschlossen worden sind[40].

Schwieriger ist es zu klären, was der Ausdruck „Muslime *unter uns*" bedeutet. Ist die deutschstämmige Bevölkerung gemeint? Das wäre nicht richtig, da es einige Tausend deutschstämmiger Muslime gibt. Oder geht es um die christliche Bevölkerung? Auch das wäre nicht richtig, da die deutsche Gesellschaft nie rein christlich war und inzwischen weitgehend entchristlicht ist.

Ich verstehe also das Thema ganz allgemein so, dass zur deutschen Gesellschaft inzwischen zahlreiche Muslime gehören. *Dabei* können wir nicht mehr pauschal davon ausgehen, dass Muslime generell Ausländer sind, wegen der Muslime deutscher Herkunft und

---

[40] Das war an sich ein unislamischer Vorgang, da der Islam sich nicht als „Kirche" versteht und keinen Ausschluss aus der „Kirchengemeinschaft" kennt.

wegen der wachsenden Zahl eingedeutschter Muslime, die bald die Millionengrenze erreichen wird.

2. Der Islam als ein neues gesellschaftliches Phänomen in Deutschland

Es ist bekannt, dass der Islam in Deutschland nicht durch Werbung[41] sondern durch Einwanderung so viele Anhänger bekommen hat. Die kleinste Gruppe sind Akademiker aus dem islamischen Ausland, die in Deutschland studiert haben und hier ansässig geworden sind.

Eine sehr große Gruppe sind die nach 1960 als Gastarbeiter angeworbenen Türken und Nordafrikaner mit ihren Angehörigen. Aus Gastarbeitern wurden Dauerarbeiter und Bürger. Sie durften ihre Familienangehörigen nachholen, und damit kam es unvorhergesehen zu einer Masseneinwanderung nach Deutschland.

Ebenfalls nicht vorhergesehen war der Ansturm von Asylbewerbern aus islamischen Ländern. Wie weit das Asylbegehren berechtigt war, hatten die Gerichte zu entscheiden. Anfangs war man dabei großzügig, bis der Zustrom unkontrollierbar wurde und gesetzliche Änderungen nötig machte.

Aus der Zufälligkeit der Einwanderung ist nun eine Realität geworden, die unser Jahrhundert maßgeblich mitbestimmen wird.

---

41 Der islamische Fachausdruck ist (arab.) Da'wa, d. h. Einladung in den Islam.

3. Der Organisations-Grad der Muslime in Deutschland[42]

Da in den islamischen Ländern herkömmlicherweise der Staat die religiösen Angelegenheiten regelt[43], taten sich die Zuwanderer schwer damit, sich zu organisieren und Gebetsstätten zu schaffen. Dabei spielte es eine Rolle, dass zwischen den Akademikern einerseits und den Gastarbeitern andererseits eine große gesellschaftliche Kluft bestand. Den Anfang machten Angehörige islamischer Bruderschaften, die schon immer eine gewisse Selbständigkeit und Unabhängigkeit gegenüber dem offiziellen Islam pflegten.

Inzwischen sind unzählige Moscheevereine nach deutschem Vereinsrecht entstanden und daraus eine Vielzahl von Verbänden, die sich wiederum zu konkurrierenden Dachverbänden zusammengeschlossen haben. Ich nenne nur den vom türkischen Religionsministerium gelenkten Verband[44], den Islamrat der Bundesrepublik Deutschland und den Zentralrat der Muslime in Deutschland. Die beiden letzteren Dachverbände weisen eine große ideologische Spannbreite bei ihren Mitgliedern auf. Ein islamischer Gesamtverband als Ansprechpartner für den deutschen Staat bzw. die Bundesländer ist jedoch auf absehbare Zeit nicht zu erwarten. Der Staat möchte im Grunde nur

---

42 Vgl. dazu Ursula Spuler-Stegemann, Muslime in Deutschland. Nebeneinander oder Miteinander, 1. Aufl. Freiburg 1998, 3. überarb. Aufl. 2002.

43 Das gilt auch für die laizistische Türkei, in der der Staat eine moderate Ausprägung des Islam staatlich dirigiert.

44 Türkisch-Islamische Union der Anstalt für Religion e.V., kurz DITIB oder Diyanet.

mit einem oder wenigstens nur einigen mitgliedermäßig organisierten und in ihren Werten und Zielen identifizierbaren islamischen Großverbänden zu tun haben. Um der erwarteten Vorteile willen dürften die meisten Muslime bereit sein, sich den staatlichen Auflagen anzupassen.

Der Islam kennt traditionell – im Gegensatz zu den Großkirchen – keine letztlich verbindliche Lehr- und Rechtsbildung. Er kennt neben dem jeweiligen islamischen Staat keine eigenen konziliaren oder parlamentarischen Instanzen, die Lehre und Recht verbindlich beschließen und kodifizieren[45]. Und tatsächlich sind in aktuellen Fragen die Dinge immer von den jeweiligen Machthabern entschieden worden. Der Islam gleicht im Grunde einem breiten Strom, in dem vieles im Fluss, aber wenig definitiv festgelegt ist. Deshalb ist „der Islam“ schwer fassbar.

Ich sehe in diesem Tatbestand das größte Problem für eine dauerhafte Integration des Islam in die demokratische deutsche Gesellschaft. Muslime argumentieren heute, dass der Islam keine Kirche sei und sich nicht in kirchenähnliche Strukturen pressen lassen wolle. Unsere Rechtstradition und das komplizierte Verhältnis zwischen Kirche und Staat beruhen aber eben darauf, dass Recht verbindlich kodifiziert wird und sich Rechtspartner aufeinander verlassen können.

---

[45] Seit dem 20. Jahrhundert versuchen die islamischen Weltverbände hier Abhilfe zu schaffen und durch Beschlüsse und Deklarationen gewisse Festlegungen zu treffen.

4. Das weltanschauliche Spektrum der Muslime in Deutschland

Natürlich gibt es bei den zu nennenden Typen von Muslimen viele Übergangs- und Mischformen, die ich – weil wir es mit einem sehr weiten Spektrum zu tun haben –, nur plakativ beschreiben kann.

Zunächst sind die *säkularisierten* Muslime zu nennen, die den Islam nicht praktizieren und sich höchstens als Kultur- und Traditionsmuslime verstehen. Unter den Aleviten sind sie häufig anzutreffen, aber auch unter muslimischen Akademikern. Davon zu unterscheiden sind die *liberalen* Muslime, die den Islam auf gelegentliche religiöse Übungen, vor allem aber auf eine allgemeine Ethik reduzieren.[46]

Daneben finden sich viele *Traditionsmuslime*, die sich einem schlichten rituellen Islam und den volksislamischen Praktiken verbunden wissen. Sie haben oft nur losen Kontakt zu einem Moscheeverein. Davon zu unterscheiden sind die *konservativen* Muslime, die den herkömmlichen religiösen Islam praktizieren, ohne dabei politisch oder fanatisch zu sein. Sie gehen regelmäßig in die Moschee und beten daheim. Zu ihnen können auch die von der islamischen *Mystik* geprägten Muslime gerechnet werden, die sich in besonderen Gruppen zu ihren religiösen Übungen versammeln.

Schließlich sind die Muslime zu nennen, die einem modernen, ideologisch durchdachten Islam anhängen, die wir heute *Islamisten* nennen. Es ist ein Irrtum,

---

[46] Am bekanntesten ist in Deutschland der Göttinger Politologe Bassâm Tîbi.

Islamisten grundsätzlich als radikal zu apostrophieren. Sie verfolgen ihre Ziele meistens auf friedliche Weise und mit demokratischen Mitteln. Sie streben die Einheit von Glaube und öffentlicher Ordnung an. Über die Mittel und Wege können sie durchaus unterschiedlicher Meinung sein. Islamisten sind die in Deutschland aktiven Muslime, die sich werbemäßig und apologetisch für den Islam einsetzen und seinen Einflussbereich schrittweise vergrößern möchten[47].

Innerhalb des islamistischen Spektrums gibt es die Zirkel *radikaler Muslime*, die auch öffentlich eine bewusst kämpferische Haltung an den Tag legen und in der Wahl ihrer Mittel sehr großzügig sind, so dass sie auf jeden Fall als staatsgefährdend einzustufen sind[48]. Unter den Radikalen wiederum gibt es die potentiellen Terroristen, denen jedes Mittel zur Erreichung ihrer Ziele recht ist.

5. Probleme der Muslime in Deutschland

Auch bei diesem Punkt lässt sich ein plakatives Reden schwer vermeiden.

Vermutlich leiden nicht wenige Muslime unter der *Liberalität unserer Gesellschaft*, dem Sittenverfall, dem offenen Sexismus, aber auch unter der offenen Religionskritik. Eine Folge ist der Rückzug in das islamische Getto der Moscheevereine. Andererseits

---

[47] Zu nennen sind hier sicher die türkische Islamische Gemeinschaft Milli Görüs und vom arabischen Islam geprägte Vereine und Verbände. Die bekannteste Persönlichkeit ist Dr. Nadîm Eliâs, der Vorsitzende des Zentralrats.

[48] Wie z. B. die Kaplan-Gruppe in Köln.

haben ideologisch geprägte Muslime erkannt, dass die Liberalität unserer Gesetzgebung und Rechtsprechung ihnen viele Möglichkeiten zur Ausbreitung des Islam und zur Schaffung einer muslimischen Parallelgesellschaft bietet. Insofern wird die Liberalität bewusst ausgenutzt.

Fromme Muslime empfinden die *Glaubenslosigkeit*, Diesseitigkeit und den Materialismus der Mehrzahl der Deutschen, mit der Folge, dass sie sich abschotten und in das islamische Getto zurückziehen. Die Konfrontation mit dem Unglauben hat zu einem neuen islamischen Selbstbewusstsein geführt, das oft selbstsicher – etwa durch islamische Kleidung – und manchmal auch überheblich zum Ausdruck gebracht wird.

Nicht zu übersehen sind die enormen *Spannungen* zwischen der Herkunftskultur und der deutschen Kultur, in denen viele Muslime leben, besonders die Jugendlichen. Schon die Zweisprachigkeit ist für manche ein Problem und führt nicht selten zu einer Verweigerung dem Erlernen der deutschen Sprache gegenüber. Vor allem aber ist es die Kluft zwischen dem oft noch patriarchalisch geprägten Elternhaus und der liberalen deutschen Gesellschaft, die Jugendliche in Schule und Beruf erleben.

Manche Muslime sind empört, dass in unseren Medien der Islam *teilweise kritisch dargestellt* wird oder Orientalisten den Islam wissenschaftlich-sachlich und vielleicht sogar kritisch untersuchen. In den meisten islamischen Ländern sind das absolute Tabus.

Andere Muslime thematisieren die *Reste der christlichen Kultur* in unserer Gesellschaft bzw. die – wie sie meinen – Sonderbehandlung der christlichen Großkirchen. Es ist für sie schwer zu verstehen, dass in Deutschland der Grundsatz der Trennung von Religion und Staat gilt, dass der Staat sich nicht in kirchliche Angelegenheiten einmischt und umgekehrt die Kirche nicht in die des Staates. So führt die bisherige staatliche Achtung vor christlichen Kulturgütern (z. B. Einehe, Feiertage, Glockengeläut) bei manchen Muslimen zum Gefühl der Benachteiligung. Das Argument, dass in ihren Herkunftsländern der Islam normalerweise die dominante und staatliche geförderte religiöse Kultur ist und Nichtmuslime in vieler Hinsicht benachteiligt werden, wollen sie aber nicht gelten lassen.

Schwierig und ganz ungewohnt ist für Muslime die *Begegnung mit freier christlicher Verkündigung*. Nicht gewöhnt sind sie ferner, dass in unserer Gesellschaft jeder Bürger seine Religion frei wählen darf, ohne dafür diskriminiert zu werden. Konversionen zum Christentum oder zu einer anderen Glaubensweise sind für Muslime schmerzlich, gehen gegen die Familienehre und werden mit allen zur Verfügung stehenden Mitteln zu verhindern gesucht.

6. Ziele der Muslime in Deutschland

Vermutlich wollen die meisten Muslime ganz einfach ein *gutes und normales Leben* führen, ihre Lebensqualität verbessern und ihren Kindern gute Lebenschancen eröffnen. Viele wollen normale Deutsche werden, ohne die heimatliche Kultur zu verleugnen. Sie wollen sich *integrieren, aber nicht assimilieren.*

Andere wollen Freiräume für eine *islamische Sonderkultur* und Lebensweise innerhalb der pluralistischen Gesellschaft erkämpfen. Manche wissen sich als bewusste *Verkündiger des Islam* und wollen Deutsche für den Islam gewinnen. Sie wollen erreichen, dass sie alle *öffentlichen Aussagen über den Islam* (z. B. in Schulbüchern, in den Medien, in den Kirchen) kontrollieren und bestimmen können. Nach ihrer Meinung darf der Islam nur noch nach dem islamischen Selbstverständnis dargestellt werden. Es gibt Juristenorganisationen, die alle öffentlichen Verlautbarungen beobachten und sofort mit Prozessen zur Hand sind[49].

Islamisten wollen langfristig Deutschland in Richtung auf eine islamische Gesellschaft verändern, was allerdings ein genuin islamisches Ziel beschreibt. Politiker, Juristen und Kirchenführer tun gut daran, diesen Realitäten ins Auge zu sehen und nicht auf einen Wunsch-Islam zu vertrauen. Es ist ein offenes Geheimnis, dass radikale Muslime auf Gelegenheiten warten, unsere freiheitliche – in ihren Augen freilich moralisch dekadente Gesellschaft – mit allen nur möglichen Mitteln zu bekämpfen.

7. Konflikte mit der freiheitlichen Grundordnung

Alle Konflikte ergeben sich daraus, dass der klassische Islam mehr ist als eine Religion im modernen westlichen Verständnis. Er ist – jedenfalls in seinem Grundansatz – vielmehr eine religiös begründete Ge-

[49] So geschehen beim Erscheinen von Udo Ulfkotte, Der Krieg in unseren Städten. Wie radikale Islamisten Deutschland unterwandern, Frankfurt 2003.

sellschaftsordnung, die auf Dominanz aus ist und die deshalb zwangsläufig mit dem freiheitlichen, demokratischen Staat kollidieren muss. Konsequente Muslime wollen die Gesellschaft in ihrem Sinne dominieren. In der freiheitlichen Gesellschaft haben alle Menschen unabhängig von ihrer Weltanschauung gleiche Rechte und gleiche Freiheiten. Damit aber ein freiheitlicher Rechtsstaat funktionieren kann, muss jeder Bürger gewisse Abstriche an seiner persönlichen Freiheit hinnehmen. Die Freiheit des Einzelnen wird gewissermaßen durch die Freiheit des Mitbürgers begrenzt. Dies erfordert ein erhebliches Maß an Toleranz gegenüber Andersdenkenden und ihrer Freiheit.

Die Grenzen der Freiheit zu akzeptieren, fällt Islamisten schwer. Für sie ist das Gesetz Allahs das absolute Gesetz, das über allen menschlichen Gesetzen stehen muss. Sie begreifen nur schwer, dass die Freiheit aller Bürger sowohl eine positive als auch eine negative Religionsfreiheit impliziert. Muslime berufen sich heute bei ihren Forderungen an den Staat auf die positive Religionsfreiheit, übersehen dabei aber gern die negative Religionsfreiheit ihrer nichtmuslimischen Mitbürger. Sie besagt, dass kein Bürger gezwungen werden darf, penetrant der religiösen Werbung oder Symbolik einer ihm fremden Glaubensweise ausgesetzt zu werden. Sie ist der Hintergrund der Rechtsstreitigkeiten um das Kruzifix in öffentlichen Räumen, um das Ausmaß des Glockengeläuts, um das Tragen muslimischer Kleidung im öffentlichen Dienst und um den lautsprecherverstärkten Gebetsruf. Die unterschiedlichen Urteile, die bis jetzt in diesen Fragen ergangen sind, machen deutlich, dass es zwischen der Toleranz gegenüber fremdreligiösen Symbolen und der negativen Religionsfreiheit eine umstrittene Zone gibt.

Ich will das konkretisieren:

Islamische Verbände können grundsätzlich *Körperschaften des öffentlichen Rechts* werden, wenn sie die Voraussetzungen der Dauerhaftigkeit, der einsehbaren Mitgliederzahlen und der Verlässlichkeit erfüllen. In dieser Hinsicht haben die Verbände noch sehr viel Arbeit vor sich, und man kann den deutschen Behörden nur raten, in dieser Hinsicht keine Kompromisse zu machen.

Einzelne Muslime haben bereits gefordert, in Deutschland für Muslime *islamisches Personenstandsrecht* (Eherecht, Scheidungsrecht, Erbrecht) zu erlauben und damit die Einehe, die jüdisch-christlicher Tradition entspringt, als für alle verbindlich aufzugeben. Der Grundsatz der Gleichheit aller Bürger würde damit preisgegeben. Leider wird in unserer Gesellschaft die bisher staatlich geschützte Institution der Einehe immer mehr ausgehöhlt, mit der Tendenz, dass die Ehe eine privatrechtliche Einrichtung wird. Diese Tendenz wird von Muslimen schon jetzt für ihre Belange ausgenutzt, indem Hodschas muslimische Ehen am Standesamt vorbei schließen bzw. wieder scheiden. Dabei ist natürlich auch die muslimische Mehrehe möglich, und der Staat hat sich die Möglichkeit genommen, das als Ehebruch zu bestrafen.

Wenn in Deutschland islamisches Personenstandsrecht erlaubt würde, könnte der *Austritt aus dem Islam* grundsätzlich verboten werden. Das Verbot freien Religionswechsels würden den Menschenrechten westlicher Prägung völlig widersprechen, und der

Staat tut gut daran, die Religionsfreiheit gegenüber dem Islam zu verteidigen. Schon jetzt lässt der Kampf von Muslimen gegen die christliche Mission unter Muslimen nichts Gutes ahnen. Manche Muslime werden nicht müde zu betonen, dass Mission den Dialog mit dem Islam unmöglich mache.

Beim *Kopftuch-Streit* geht es sicher um einen Grenzbereich, da das Kopftuch sowohl ein persönliches Kleidungsstück als auch ein islamisches Symbol für die Unterdrückung der Frauen ist. Die Tatsache, dass in einigen islamischen Ländern Kopftuchzwang für alle Frauen, auch die nichtmuslimischen, besteht, zeigt, dass es hier nicht nur um ein Kleidungsstück geht, sondern um eine sehr grundsätzliche Frage des Menschenrechts und der negativen Religionsfreiheit. Ich kann unseren Gerichten nur raten, den Anfängen zu wehren. Dabei geht es nicht um Diskriminierung einzelner Personen, sondern um die Zumutbarkeit eines Selbstverzichts aus religiöser Überzeugung. Wenn eine muslimische Frau unbedingt ein Kopftuch tragen will, kann sie eben nicht Beamtin werden. Solcher Selbstverzicht gilt ja auch für andere Menschen, die eine bestimmte Überzeugung vertreten. Wenn ein Jude oder christlicher Adventist den Sabbat streng heiligen will, muss er auf einen Beruf verzichten, in dem er am Samstag arbeiten muss.

Ein umfangreiches Problemfeld ist der *islamische* Religionsunterricht in öffentlichen Schulen. Welcher Islam soll wem durch wen unterrichtet werden? Welcher islamische Verband ist für den Lehrplan dem Staat gegenüber verantwortlich. Weitere Fragen sind, wer die Religionslehrer ausbildet und wie die Professuren an den Universitäten besetzt werden. Es ist leider zu befürchten, dass der Staat zu viele Kompromisse machen wird.

Viel diskutiert wird der *Moscheebau*, d. h. konkret die Lage und Größe der Bauten, die Höhe der Minarette und der lautsprecherverstärkte Gebetsruf. Der Zentralrat der Muslime hat in seiner Charta 2002 Moscheebauten in deutschen Innenstädten gefordert. Der religionsneutrale Staat respektiert alte Kathedralen und Dome als Ausdruck einer kulturellen Geschichte. Bis jetzt ist es deshalb aus städtebaulichen Gründen nicht möglich, eine große Moschee neben einen historischen Dom zu setzen. Vermutlich werden die muslimischen Verbände nicht müde werden, auch diese Bastion anzugreifen.

8. Zukunftsperspektiven

Wir werden in unserem Jahrhundert voraussichtlich ein starkes Anwachsen der muslimischen Bevölkerung erleben. Die deutschstämmige und damit auch die traditionell christliche Bevölkerung wird – nach der jetzigen Sachlage – drastisch abnehmen, während die Migrantenbevölkerung zunehmen wird, und damit auch die Zahl der Muslime.

Es wird zu einem Geschichts- und Kulturabbruch kommen. Für Einwanderer beginnt die Geschichte ihrer neuen Heimat mit dem Tag ihrer Einwanderung oder bestenfalls mit dem Beginn der Einwanderung ihrer Volksgruppe. Das gilt auch für die muslimische Bevölkerung in Deutschland. Sie wird sich kaum mit der deutschen Geschichte und Kultur identifizieren. Das wird weitreichende Folgen für die Gesellschaft haben.

Die Entwicklungen sind insgesamt schwer vorauszusagen. Auf jeden Fall ist der Islam innerhalb kurzer Zeit zu einem gesellschaftlichen und politischen Faktor in Deutschland geworden.

9. Anmerkungen zu dem Phänomen aus christlicher Sicht

Manche Christen wollen das „christliche Abendland" gegenüber dem Vordringen des Islam verteidigen. Doch ist zu fragen, was eigentlich das christliche Abendland ist bzw. war. War es wirklich so christlich? Auf jeden Fall dürften die Verfechter des christlichen Abendlandes angesichts der demoskopischen, kulturellen und rechtlichen Entwicklung auf verlorenem Posten stehen. Es gibt zur Verteidigung des christlichen Abendlandes nur eine einzige Alternative, die allmählich auch in den Großkirchen erkannt wird: die Neuevangelisierung Europas.

Andere Christen setzen den Schwerpunkt bei der Verteidigung des biblischen Glaubens gegenüber der islamischen Kritik. In der Tat ist der Islam einer der hartnäckigsten Herausforderer nicht nur des christlichen, sondern auch des jüdischen Glaubens. Die heiligen Schriften von Juden und Christen gelten als überholt und pervertiert. Der Islam wird als die letztgültige Willensoffenbarung Gottes propagiert. Hier ist eine intensive theologische Auseinandersetzung nötig, aber es ist m. E. zu wenig, sich damit zu begnügen. Denn es geht nicht nur um den Islam, sondern um die muslimischen Menschen, denen nach christlicher Überzeugung die biblische Botschaft genauso gilt wie allen anderen Menschen auch.

Manche Christen begrüßen die neue Multikulturalität und Multireligiosität unserer Gesellschaft als einen Gewinn und eine Chance zur eigenen Bereicherung. Das Problem ist nur, dass sie häufig einen religiösen Humanismus vertreten, den sie auch im Islam sehen wollen. In ihrem Harmoniebedürfnis übersehen sie, dass der Islam nach seinem eigenen Selbstverständnis etwas anderes ist als religiöser Humanismus, sondern streng vom Gottesrecht her denkt. Ich vermute deshalb, dass die christlichen Verbrüderungsversuche an der Realität des Islam scheitern werden.

Missionarisch denkende Christen sehen in der Präsenz großer muslimischer Gruppen in unserem Land die Möglichkeit, Muslimen frei und offen das Evangelium bezeugen zu können. Das ist sicher richtig. Dabei muss bedacht werden, dass das so genannte Gegenzeugnis unserer noch weitgehend namenschristlichen Gesellschaft wesentlich stärker ist als das genuin christliche Zeugnis. Die Widerstände von Muslimen gegenüber dem Evangelium sind bis jetzt enorm groß, und das hängt auch damit zusammen, dass Muslime in unserer Gesellschaft meistens nur ein grobes Zerrbild oder gar Gegenbild von Christentum sehen.

Zum Schluss möchte ich noch eine alte Deutung des Phänomens Islam ansprechen, die heute wieder zur Sprache gebracht werden muss. Martin Luther hat im Vordringen des Islam in Europa eine „Zuchtrute“ in der Hand Gottes für eine Christenheit gesehen, die das Evangelium verloren hat. Luther stand mit dieser

Deutung in einer langen Tradition[50]. Die Mächtigkeit des Islam ist ein Bußruf Gottes an die Christenheit, ihr Proprium, die Botschaft vom Heil in Jesus Christus, neu zu entdecken. Insofern ist die starke Präsenz von Muslimen in unserer Gesellschaft eine heilsame Krisis des christlichen Glaubens und damit die Chance, neu zum Zentrum des biblischen Glaubens zurückzufinden.

---

[50] Vgl. Andreas Baumann, Der Islam – Gottes Ruf zur Umkehr? Eine vernachlässigte Deutung aus christlicher Sicht. Basel/Gießen 2003.

Die Autoren

Dr. Heinzpeter Hempelmann, Studium der Theologie und Philosophie, 1992 Promotion zum Dr. theol. in Mainz, Pfarrer der Evang. Landeskirche in Württemberg, 1983 bis 1988 Theol. Referent der Pfarrer-Gebets-Bruderschaft (PGB), 1992 bis 1995 Referent für theol. Grundsatzfragen im Amt für missionarische Dienste, Stuttgart; 1995 bis 1996 Studienleiter, seit September 1996 Seminardirektor des Theologischen Seminars der Liebenzeller Mission; Verantwortung in zahlreichen theologischen und kirchlichen Gremien; Verfasser von Büchern und Artikeln zu Fragen der Missionstheologie, Religions- und Wissenschaftsphilosophie sowie Apologetik. Dr. Hempelmann ist Preisträger der Karl-Heim-Gesellschaft, der Templeton-Gesellschaft und erhielt den Johann-Tobias-Beck-Preis. Er ist verheiratet und Vater von zwei Kindern.

Dr. theol. h.c. Siegfried Kettling, geb. 1937, Studium der Evangelischen Theologie in Münster, 1966–1969 Studieninspektor am Predigerseminar der Evangelischen Kirche von Westfalen in Soest, 1969–1974 Studienleiter am Seminar des MBK in Bad Salzuflen, 1974 bis 2001 Studienleiter an der Evangelischen Missionsschule der Bahnauer Bruderschaft in Unterweissach, 2002 Verleihung der Ehrendoktorwürde durch die Theologische Fakultät der Universität Tübingen; Autor zahlreicher theologischer Bücher. Dr. Kettling ist verheiratet und Vater zweier Söhne.

Dr. Christine Schirrmacher, Studium der Islamwissenschaft (Arabisch, Persisch, Türkisch), Geschichte und Vergleichende Religionswissenschaft in Gießen und Bonn, 1991 Promotion an der Universität Bonn mit einer Arbeit zur christlich-islamischen Kontroverse im 19. und 20. Jh., für die ihr der Georg-W.-Peters-Preis verliehen wurde. Seit 1999 Wissenschaftliche Leiterin des „Instituts für Islamfragen" (IfI) der Deutschen Evangelischen Allianz und seit 2004 Mitglied im Hauptvorstand der Deutschen Evang. Allianz. Autorin mehrerer Bücher zum Thema Islam. Dr. Christine Schirrmacher ist verheiratet mit dem Missionswissenschaftler und Ethiker Prof. Dr. Thomas Schirrmacher und wohnt mit ihrer Familie in Bonn.

Pfarrer Eberhard Troeger, Studium der Theologie, Ausbildung zum Pfarrer im Rheinland, 1966 bis 2003 Mitarbeiter der Evangeliumsgemeinschaft Mittlerer Osten, davon neun Jahre in Ägypten und 23 Jahre als Leiter in Wiesbaden tätig. Eberhard Troeger ist Verfasser zahlreicher Schriften über den Islam und zum Dialog zwischen dem christlichen Glauben und dem Islam. Er ist evangelischer Pfarrer im Ruhestand und wohnt mit seiner Frau in Wiehl im Oberbergischen Land.

Institut für Islamfragen (IfI)

Das evangelische *Institut für Islamfragen* der Lausanner Bewegung Deutschland möchte der Herausforderung Islam in Deutschland und Europa und den damit verbundenen theologischen, wie politisch-gesellschaftlichen Fragen begegnen und Christen darin unterstützen, sich dieser Herausforderung zu stellen. Das *IfI* bietet sachlich-wissenschaftliche Informationen zum Thema Islam aus christlicher Perspektive vor dem Hintergrund der besonderen Ereignisse unserer Zeit.

Ziele des Islaminstituts sind:

- Eine sachlich-wissenschaftliche Beschäftigung mit dem Islam
- Eine kritische Auseinandersetzung mit dem Anspruch des Islam als Religion und politisch-gesellschaftlicher Ordnung
- Regelmäßige Veröffentlichungen (Zeitschrift, Artikelsonderdrucke, Bücher)
- Ein zeitgemäßes Vertreten christlicher Werte und Auffassungen
- Zurüstung von Christen zu einer angemessenen Begegnung mit Muslimen

Informationen zum Thema Islam erhalten Sie über:

- die Webseite www.islaminstitut.de mit Artikeln (deutsch/englisch) und „Aktuellen Meldungen", übersetzt aus arabischen Medien;
- die zweimal jährlich erscheinende Zeitschrift des Instituts „Islam und Christlicher Glaube" (deutsch/

englisch): Probeheft über *IfI*, Postfach 74 27, 53074 Bonn;

- E-Mail: christine.schirrmacher@islaminstitut.de
- Fax: (02 28) 9 65 03 89
- durch Vorträge und Seminare zum Thema Islam, zu denen Sie Mitarbeiter des *IfI* einladen können (Islamwissenschaftler, Theologen), und
- durch Tagungen und Seminare für Führungskräfte und Verantwortungsträger.

VERLAG DER LIEBENZELLER MISSION

Erweiterte Neuauflage
Heinzpeter Hempelmann
Glauben wir all an denselben Gott?
Christlicher Glaube in einer nachchristlichen Gesellschaft
Paperback, 96 Seiten, Bestell-Nr. 549 177
ISBN 3-921113-77-6
Erscheint im Herbst 2005

Wir leben nicht mehr in einer christlichen, sondern in einer nachchristlichen, durch vielerlei Werte, Weltanschauungen und Religionen bestimmten, multikulturellen, multireligiösen und pluralistischen Gesellschaft. Dieser epochale Umbruch wirft grundlegende Fragen auf:
Ist es intolerant, unter diesen Umständen am christlichen Glauben als der einzigen Wahrheit festzuhalten?
Glauben wir nicht alle an denselben Gott?
Lohnt ein Ringen um die Wahrheit, oder gibt es nicht viele Wahrheiten?
Diese Situation stellt Christen vor neue Herausforderungen, die Heinzpeter Hempelmann anschaulich und kenntnisreich beschreibt. Damit zeigt er zugleich, wie christlicher Glaube heute profitiert, attraktiv und überzeugend gelebt und bezeugt werden kann.